中国工会
审计条例解读

学习强会 编

中国工人出版社

目 录

第一章 总 则

001. 为什么要对《中国工会审计条例》进行修订?

002. 对《条例》进行修订的目的和根据是什么?

003. 《条例》修订的主要特点是什么?

004. 《中华人民共和国工会法》对工会经费审查监督制度有何规定?

005. 《中国工会章程》对工会经费审查委员会的产生及职责有何规定?

006. 工会应该建立怎样的审计监督制度?

007. 什么是工会审计?

008. 同级工会未建立党组织的,工会审计接受谁的领导?

009. 工会审计的工作体制是什么?

010. 工会审计的工作方针是什么?

011. 经审会如何履行审计职责? 008

012. 工会审计人员在审计中应遵守哪些规定? 008

013. 经审会的审计结果有哪些作用? 008

014. 工会审计应当接受什么部门的指导和监督? 008

015. 工会的审计主体和对象是什么? 009

016. 工会审计的基本工作方式是什么? 009

017. 工会审计的制度和办法由谁制定? 010

018. 工会下审一级的工作体制建于何时?
其主要内容是什么? 010

019. 经审会主要职责是什么? 011

020. 经审会办公室的主要职责是什么? 011

021. 工会审计人员应遵守哪些工作纪律? 013

022. 工会审计人员应遵守哪些基本审计职业道德?

　　014

第二章　工会审计机构和人员　017

023. 经审会是如何产生的?每届任期多长时间? 019

024. 经审会向谁负责并报告工作? 019

025. 担任经审会委员的条件是什么? 019

026. 工会经审会委员人数及结构有哪些规定? 020

027. 哪些人不得担任同级工会经审会委员? 020

028. 哪级工会经审会应当设置常务委员会? 020

029. 经审会委员空缺时怎么办? 020
030. 哪些机构承担工会经费审查审计监督工作? 021
031. 工会应当建设怎样的经审队伍? 021
032. 工会审计人员应当具备哪些能力? 021
033. 经审会可以委托哪些单位审计? 022
034. 经审会可以聘请哪些人参与审计? 022
035. 经审会如何管理外聘社会中介机构和人员? 022
036. 工会审计人员的义务有哪些? 022

第三章 工会审计职责 025

037. 经审会对哪些事项进行审计? 027
038. 经审会对预算执行情况进行审计时有哪些要求? 028
039. 经审会对哪些项目可以开展跨层级、跨区域审计或者专项审计? 028
040. 经审会如何开展经济责任审计? 028
041. 经审会实施经济责任审计执行哪些规定? 029
042. 经审会在什么范围内进行专项审计调查? 029
043. 上级经审会可以授权下级经审会开展审计工作吗? 029

第四章　工会审计权限　　031

- *044.* 经审会有权要求被审计单位提供哪些资料？　033
- *045.* 被审计单位应向审计组提供哪些相关资料？　033
- *046.* 被审计单位提供相关材料时为什么要进行书面承诺？　034
- *047.* 经审会对取得的资料如何处理？　034
- *048.* 经审会进行审计时，有哪些权限？　035
- *049.* 经审会通报的审计结果包括哪些？　036
- *050.* 经审会向谁通报审计结果？　036
- *051.* 经审会在审计过程中发现严重问题怎么办？　036

第五章　工会审计程序　　037

- *052.* 经审会制订年度审计工作计划的依据是什么？　039
- *053.* 经审会制订年度审计工作计划应包括哪些内容？　039
- *054.* 审计准备阶段有哪些具体步骤？　040
- *055.* 经审会如何成立审计组？　040
- *056.* 审计组如何制订审计实施方案？　040
- *057.* 经审会如何下达审计通知书？　041
- *058.* 在哪些特殊情况下，经经审会主任批准，可事先不告知被审计单位直接持审计通知书实施审计？　041

059. 审计通知书的主要内容有哪些?	042
060. 工会审计程序主要包括哪些阶段?	043
061. 工会审计人员怎样实施具体审计工作?	043
062. 审计组获取审计证据的基本要求有哪些?	043
063. 审计组取得审计证据的方式有哪些?	044
064. 审计工作底稿的主要内容有哪些?	044
065. 编制审计工作底稿的要求有哪些?	045
066. 经审会实施审计如何形成审计报告?	045
067. 被审计单位收到征求意见的审计报告后应如何处理?	046
068. 什么是审计决定?	046
069. 经审会如何出具正式审计报告和审计决定?	047
070. 被审计单位收到审计报告或者审计决定后应怎么办?	047
071. 被审计单位收到审计决定不服的怎么办?	047
072. 经审会发现下一级经审会的审计决定有错误怎么办?	048
073. 经审会应当如何督促被审计单位整改?	048
074. 审计组在审计实施过程中发现问题应该怎么办?	048
075. 经审会应当如何了解被审计单位的整改情况?	049

076. 经审会为何每年要向同级工会党组织和
     工会委员会报告审计结果和整改落实情况？ 049
077. 经审会的哪些审计需要建立审计档案？ 049
078. 经审会建立的审计档案包括哪些资料？ 050
079. 对审计文书资料归档有哪些要求？ 050

第六章　工作保障　053

080. 工会领导班子自觉接受审计监督有何
     重要意义？ 055
081. 工会党组织应当如何建立健全党领导
     工会经审工作机制？ 055
082. 工会应当如何建立健全审计发现问题
     整改机制？ 056
083. 工会对经审会审计发现的典型性、普遍性、
     倾向性问题应当怎么做？ 056
084. 经审会应当如何建立审计事项移交制度？ 056
085. 各级工会对经审会审计发现的重大违纪
     违法问题线索应当如何处理？ 057
086. 经审会、经审办主任应当参加工会
     哪些会议？ 057
087. 工会应当为经审工作提供哪些保障？ 058
088. 审计人员队伍建设工作如何开展？ 058

089. 经审会如何加强审计工作规范化建设? 058

090. 工会应当为审计人员提供哪些保障? 058

091. 上级经审会应当为下级经审会做好
哪些工作? 059

092. 对在工会审计工作中作出突出成绩的单位和
个人有哪些鼓励措施? 059

第七章 相关责任 061

093. 被审计单位有哪些行为需要改正? 063

094. 经审会和审计人员有哪些行为将受到处理? 063

095. 工会审计人员因履行职责受到打击、报复、
陷害时怎么办? 064

第八章 附　则 065

096. 各级工会是否可以根据《条例》制定具体
实施办法? 067

097. 上级经审会对下级经审会执行《条例》
有何责任和义务? 067

098.《条例》由谁负责解释? 067

第九章 相关政策法规 069

中国工会审计条例 071

第 2103 号内部审计具体准则——审计证据　086

第 2104 号内部审计具体准则——审计工作底稿　090

第 2205 号内部审计具体准则——经济责任审计　094

第 2308 号内部审计具体准则——审计档案工作　109

第 2309 号内部审计具体准则——内部审计业务
外包管理　118

第 3101 号内部审计实务指南——审计报告　125

后　记

150

第一章

总　则

第一章 总则

为什么要对《中国工会审计条例》进行修订?

《中国工会审计条例》(以下简称《条例》)自2011年4月发布实施以来,在强化工会审计工作、规范工会审计行为、提升工会审计质量、提高工会经费使用效益、维护工会资产安全、推进工会党风廉政建设等方面发挥了重要作用。党的十八大以来,新时代赋予工会审计工作新的任务,《中华人民共和国工会法》《中华人民共和国审计法》《中国工会章程》进行了修订,工会改革创新持续深化,工会审计环境、审计对象、审计理念、审计内容、审计手段、审计方法等都发生了新的变化,原有的《条例》已经不能完全适应形势的发展和需要,亟须修订和完善。

党的十八大以来,以习近平同志为核心的党中央高度重视审计工作,着眼党和国家事业全局,对加强党对审计工作的集中统一领导、完善审计制度、改革审计管理体制、加强审计队伍建设等作出一系列重大决策部署。近年来,党和国家把更多的资源、手段赋予工会,工会资产总量不断增加,工会经费收缴不断增长,政府拨付的各种专项资金不断增多,这些都要求工会加强自我监督,工会经审组织必须进一步切实做好审计工作,必须通过审计推动收好管好用好工会经费,监督好工会资产管理和全部经济活动,促进工会经费使用效能最大化,促进工会系统的党风廉政建设。修订后的《条例》明确了工会审计是在党组织领导下开展的监督活动,要求经审会定期向同级工会党组织报告审计工作,为新时代的工会审计工作指明了方向,为进一步规范工会审计工作提供了纲领性文件。

002 对《条例》进行修订的目的和根据是什么?

对《条例》进行修订是为了加强党对工会审计工作的领导,规范工会审计行为,提高工会经费使用效益,维护工会资产安全。

003 《条例》修订的主要特点是什么?

《条例》的修订具有承前启后、科学严谨、规范可行、客观务实等特点,继承了原《条例》的主体架构,创造性地提出了今后工会审计工作的发展方向,更加科学、严谨、规范,具有长远的前瞻性、现实的可行性、宏观上的指导性和实务上的可操作性,既遵守了国家审计、内部审计的基本原则和普遍规律，又符合工会经审工作的自身特点和特殊规律。

004 《中华人民共和国工会法》对工会经费审查监督制度有何规定？

《中华人民共和国工会法》第四十五条规定，工会应当根据经费独立原则，建立预算、决算和经费审查监督制度。各级工会建立经费审查委员会。各级工会经费收支情况应当由同级工会经费审查委员会审查，并且定期向会员大会或者会员代表大会报告，接受监督。工会会员大会或者会员代表大会有权对经费使用情况提出意见。工会经费的使用应当依法接受国家的监督。

005 《中国工会章程》对工会经费审查委员会的产生及职责有何规定？

《中国工会章程》第十三条规定，各级工会代表大会选举产生同级经费审查委员会。中华全国总工会经费审查委员会设常务委员会，省、自治区、直辖市总工会经费审查委员会和独立管理经费的全国产业工会经费审查委员会，应当设常务委员会。经费审查委员会负责审查同级工会组织及其直属企业、事业单位的经费收支和资产管理情况，监督财经法纪的贯彻执行和工会经费的使用，并接受上级工会经费审查委员会的指导和监督。工会经费审查委员会向同级会员大会或会员代表大会负责并报告工作；在大会闭会期间，向同级工会委员会负责并报告工作。

上级经费审查委员会应当对下一级工会及其直属企业、事业单位的经费收支和资产管理情况进行审查。

中华全国总工会经费审查委员会委员实行替补制，各级地方总工会经费审查委员会委员和独立管理经费的产业工会经费审查委员会委员，也可以实行替补制。

006 工会应该建立怎样的审计监督制度？

工会坚持经费独立原则，依法建立对工会经费收支、资产管理等全部经济活动的审计监督制度。

007 什么是工会审计？

工会审计是指各级工会经费审查委员会（以下简称经审会）在同级工会党组织领导下，依照法律法规和《中国工会章程》规定的职责、权限和程序，对工会财务收支、资产管理、内部控制、风险管理等全部经济活动实施独立、客观的监督、评价和建议的活动。

008 同级工会未建立党组织的，工会审计接受谁的领导？

同级工会未建立党组织的，其经审会接受所在单位隶属的党组织领导，向所在单位隶属的党组织报告审计工作。

009 工会审计的工作体制是什么？

工会审计实行统一领导、分级管理、分级负责、下审一级的工作体制。

010 工会审计的工作方针是什么？

工会审计的工作方针是"依法审计、服务大局、突出重点、注重实效"。

011 经审会如何履行审计职责?

经审会依照法律法规和《中国工会章程》独立履行审计监督职责,被审计单位及其有关人员不得拒绝和阻碍工会审计人员履行职责,不得打击报复工会审计人员。

012 工会审计人员在审计中应遵守哪些规定?

工会审计人员在办理审计事项中,应当恪守国家审计准则规定的严格依法、正直坦诚、客观公正、勤勉尽责、保守秘密等基本审计职业道德和审计纪律。

013 经审会的审计结果有哪些作用?

经审会的审计结果作为同级工会、上级工会及其有关部门评选先进和工作考核的重要依据。

014 工会审计应当接受什么部门的指导和监督?

工会审计应当接受国家审计机关的业务指导和

监督。

工会审计是保障工会组织财务透明、规范、合法的重要手段，也是维护工会组织权益和会员利益的重要保障。

015 工会的审计主体和对象是什么？

工会的审计主体是各级工会经审会和它派出或者委托的审计人员。审计的对象是被审计单位的财务收支、资产管理及全部经济活动，不仅包括会计信息及其所反映的财务收支活动和资产管理及收益情况，还包括其他经济信息及其所反映的全部经济活动情况。

016 工会审计的基本工作方式是什么？

工会审计的基本工作方式是审核、检查和评价，通过收集审计证据，查明事实，对照法律、法规、制度、规定和标准，作出专业的判断，提出审计评价意见和建议。审计的主要目标是通过审核评价会计资料及其反映的财务收支的真实性和合法性，评价有关经济活动的效益性、效率性和效果性，促进工会规范经济行为、提高财务管理水平和防范廉政风险。

017 工会审计的制度和办法由谁制定？

工会审计的制度和办法由全国总工会统一制定。

018 工会下审一级的工作体制建于何时？其主要内容是什么？

工会下审一级的工作体制建于2003年4月，全国总工会印发了《工会经费审查委员会对下一级工会经费审计监督暂行办法》，其中明确规定，对下一级工会经费审计监督，是指上级工会经费审查委员会，对下一级工会经费的收缴、管理、使用情况进行审计。必要时，对下一级工会有投资、拨款补助的直属企业、事业单位财务收支、财产管理情况进行审计。下一级工会遇有重大或必要的审计事项需要上级工会经费审查委员会审计时，由下一级工会或下一级工会经费审查委员会，向上级工会经费审查委员会提出申请，经批准后对其进行审计。

2018年10月，中国工会十七大通过了修订后的《中国工会章程》，其中第三十九条规定，工会资产是社会团体资产，中华全国总工会对各级工会的资产拥有终极所有权。各级工会依法依规加强对工会资产的监督、管理，保护工会资产不受损害，促进工会资产保值增值。根据经费独立原则，建立预算、决算、资产监管和经费审查监督制度。实行"统一领导、分级管理"的财务体制、"统一所有、分级监管、单位使用"的资产监管体制和"统一领导、分级管理、分级负责、下审一级"的经费审查监督体制。工会经费、资产的管理和使用办法以及工会经费审查监督制度，由中华全国总工会制定。

019 经审会主要职责是什么？

经审会的主要职责是依照《中华人民共和国工会法》《中华人民共和国审计法》《中国工会章程》《工会会计制度》等法律法规和制度，独立履行审查审计监督职责，并向工会会员大会、工会会员代表大会及同级工会委员会报告审查审计工作情况。

020 经审会办公室的主要职责是什么？

经审会办公室（以下简称经审办）是经审会下设的办公室，在同级工会经审会的领导下，担负以下主要职责：

（1）完成党组织交办的重点审计事项。

（2）提出本级工会经审会全委会会议议题的建议，承担经审会会议的筹备和组织工作。

（3）起草、整理、传递本级工会经审会的决议、决定、会议纪要和专题报告等文稿，检查贯彻落实情况。

（4）按审计程序实施工会各项内部审计工作，包括本级审计、下审一级及有经费拨缴关系的企业工会审计，提出审计报告、审计决定和有关意见。

（5）调查、收集和整理会员群众对工会经费收管用和资产管理方面的意见、要求和建议，反馈办理和采纳情况。

（6）指导下级工会经审工作，调研、检查、考核重点工作落实情况，总结推广先进典型经验。

（7）组织工会经审工作的理论研究，开展信息交流，培训工会经审人员。

（8）联系同级工会经审会委员，沟通情况，传递信息，提供服务。

（9）受理会员群众对工会有关问题的咨询、检举、揭发和专案调查工作。

（10）承办同级工会经审会交办的其他工作。

021 工会审计人员应遵守哪些工作纪律？

根据全国总工会经审会发布《关于进一步加强审计纪律的规定》，工会审计工作人员要遵守以下工作纪律：

（1）不准由被审计单位支付住宿费用。

（2）不准使用被审计单位的交通工具、通信工具等办公条件办理与审计工作无关的事项。

（3）不准参加被审计单位安排的宴请、旅游和娱乐活动。

（4）不准接受被审计单位的礼品、礼金、消费卡和有价证券。

（5）不准在被审计单位报销任何因公因私费用。

（6）不准向被审计单位推销商品或介绍业务。

（7）不准利用审计职权或知晓的被审计单位的内部信息，为自己和他人谋利。正式交换意见前，审计人员不得泄露审计工作情况。

（8）不准向被审计单位提出任何与审计工作无关的要求。

工会审计人员应遵守哪些基本审计职业道德?

工会审计人员在办理审计事项中,应当遵守以下职业道德:

(1)保持诚实、守信、廉洁、正直,不应有歪曲事实、隐瞒审计发现的问题、进行缺少证据支持的判断、做误导性的或者含糊的陈述、利用职权谋取私利、屈从于外部压力而违反原则等行为。

(2)遵循客观性原则,公正、不偏不倚地作出审计职业判断,在实施审查审计前,识别可能影响客观性的因素和严重程度,向审计项目负责人或者内部审计机构负责人报告客观性受损可能造成的影响。

(3)保持并提高专业胜任能力,按照规定参加后续教育。应当具备履行审计职责所需的专业知识、职业技能和实践经验。

(4)遵循保密原则,按照规定使用其在履行职责时所获取的信息,对实施审查审计业务所获取的信息保密,非因有效授权、法律规定或其他合法事由不得披露,不得利用其在实施审查审计业务时获取的信息牟取不正当利益,或者以有悖于法律法规、组织规定及职业道德的方式使用信息。

（5）恪守国家审计准则规定的严格依法、正直坦诚、客观公正、勤勉尽责、保守秘密等基本审计职业道德和审计纪律。

第二章

工会审计机构和人员

023 经审会是如何产生的？每届任期多长时间？

经审会由各级工会会员大会、工会会员代表大会在选举工会委员会的同时选举产生，基层工会经审会每届任期三年或者五年，各级地方总工会经审会和产业工会经审会每届任期五年。

024 经审会向谁负责并报告工作？

经审会向同级工会会员大会或者会员代表大会负责并报告工作；大会闭会期间，向同级工会委员会负责并报告工作。上级经审会对下级经审会进行业务指导和监督考核。

经审会定期向同级工会党组织报告审计工作。

025 担任经审会委员的条件是什么？

经审会委员应由政治素质高、业务能力强、具有相关专业知识的工会干部和会员担任并经民主选举产生。

026 工会经审会委员人数及结构有哪些规定？

县级以上工会经审会委员人数不少于同级工会委员会委员人数的20%，最低不少于5人；基层工会经审会委员人数一般3至11人。经审会委员中具有审计、财会专业知识的人员不少于三分之二。

027 哪些人不得担任同级工会经审会委员？

工会主席、分管财务和资产的副主席、工会财务人员和资产管理人员，不得担任同级工会经审会委员。

028 哪级工会经审会应当设置常务委员会？

全国总工会和省、自治区、直辖市总工会以及独立管理经费的全国产业工会经审会应当设置常务委员会。

029 经审会委员空缺时怎么办？

全国总工会经审会委员实行替补制。各级地方总工会、独立管理经费的产业工会和机关工会联合会经审会委员也可以实行替补制。

030 哪些机构承担工会经费审查审计监督工作?

全国总工会、各级地方总工会、独立管理经费的产业工会和机关工会联合会的经审办,作为经审会的日常工作机构,承担工会经费审查审计监督工作。

031 工会应当建设怎样的经审队伍?

工会应当建设信念坚定、为民服务、业务精通、作风务实、敢于担当、清正廉洁的高素质专业化审计队伍。经审会应当加强对审计人员遵守法律法规和履行职责情况的监督,督促审计人员依法履职尽责。

032 工会审计人员应当具备哪些能力?

工会审计人员应当具备与其从事审计业务相适应的专业知识和职业能力。

033 经审会可以委托哪些单位审计？

经审会根据工作需要，可以委托具有相应资质的社会中介机构对有关事项进行审计。

034 经审会可以聘请哪些人参与审计？

经审会可以聘请具有审计、财会等专业资格和职业能力的人员参与审计工作。

035 经审会如何管理外聘社会中介机构和人员？

经审会应当加强对外聘社会中介机构和人员的指导检查、监督评价和质量控制，对审计方案、审计工作底稿、审计报告等进行审核，根据审计工作完成情况，建立考评和退出机制。

036 工会审计人员的义务有哪些？

工会审计人员不得从事可能影响独立、客观履行审计职责的工作，不得参与、干预、插手被审计单位及其相关单位的经济管理活动;在办理审计事项中,与被审计单位或者审计事项有利害关系的应当回避;对在履行职责中知悉的国家秘密、工作秘密、商业秘密、个人隐私和个人信息,应当予以保密,不得泄露或者向他人非法提供。

工会审计职责

037 经审会对哪些事项进行审计？

经审会对本级工会及其所属企事业单位和下一级工会的下列事项进行审计：

（1）贯彻落实党和国家相关重大经济社会政策措施以及全国总工会决策部署情况。

（2）与经济活动有关的发展规划、战略决策、重大措施以及年度业务计划执行情况。

（3）经费预算编制和调整、预算执行、决算草案以及其他财务收支情况。

（4）经费计提和拨缴情况。

（5）专项资金物资的筹措、拨付、管理和使用情况。

（6）资产的管理、使用和处置情况。

（7）本级工会及其所属企事业单位建设项目情况。

（8）本级工会及其所属企事业单位对外投资情况。

（9）内部控制及风险管理情况。

（10）经费使用效益和资产经营效益情况。

（11）撤并时的财务清算情况。

（12）工会管理和委托其他单位管理的社会捐赠资金、各类基金的收支情况。

(13)其他需要审计的有关事项。

以上事项,必要时可以进行延伸审计。

038 经审会对预算执行情况进行审计时有哪些要求?

经审会对本级工会预算执行情况要每年审计,对下一级工会预算执行情况的审计至少在本届任期内全覆盖。

039 经审会对哪些项目可以开展跨层级、跨区域审计或者专项审计?

经审会对涉及本地区本产业本系统全局的重大项目,有权统一组织开展跨层级、跨区域审计或者专项审计。

040 经审会如何开展经济责任审计?

经审会接受本级工会干部管理部门的书面委托,对本级工会内部管理的领导人员履行经济责任情况进行审计。

041 经审会实施经济责任审计执行哪些规定？

经审会实施经济责任审计时，参照执行国家有关经济责任审计的规定。

042 经审会在什么范围内进行专项审计调查？

经审会可以对被审计单位依法依规应当接受审计的事项进行全面审计，也可以对其中的特定事项进行专项审计或者专项审计调查。

043 上级经审会可以授权下级经审会开展审计工作吗？

上级经审会对其审计职责范围内的审计事项，可以授权下级经审会进行审计。下级经审会应当配合协助上级经审会开展各项审计工作。

第四章

工会审计权限

044 经审会有权要求被审计单位提供哪些资料？

经审会有权要求被审计单位提供财务、会计资料以及与财务收支有关的业务、管理等资料，包括电子数据和有关文档。被审计单位不得拒绝、拖延、谎报。被审计单位负责人应当对本单位提供资料的及时性、真实性和完整性负责，并作出书面承诺。

045 被审计单位应向审计组提供哪些相关资料？

被审计单位应向审计组提供的相关资料有：

（1）被审计单位基本情况。

（2）银行开户许可证、全部账户。

（3）财务管理制度、会计凭证、账簿、报表。

（4）运用电子计算机储存、处理的财务收支电子数据和必要的电子计算机技术文档。

（5）与审计内容有关的票据、合同、协议。

（6）工会经费收缴相关资料。

（7）审计需要的其他资料。

046 被审计单位提供相关材料时为什么要进行书面承诺？

（1）《中华人民共和国审计法》第三十四条规定，审计机关有权要求被审计单位按照审计机关的规定提供财务、会计资料以及与财政收支、财务收支有关的业务、管理等资料，包括电子数据和有关文档。被审计单位不得拒绝、拖延、谎报。被审计单位负责人应当对本单位提供资料的及时性、真实性和完整性负责。

（2）被审计单位提供相关材料时进行书面承诺，有利于提高法人代表、财务主管的法律意识，在一定程度上保证了审计资料的真实性和完整性，杜绝虚假审计资料的产生。

（3）被审计单位提供相关材料时进行书面承诺，有利于分清被审计单位的责任和审计的责任。

047 经审会对取得的资料如何处理？

经审会对取得的资料进行综合分析，需要向被审计单位核实有关情况的，被审计单位应当予以配合。

048 经审会进行审计时,有哪些权限?

经审会进行审计时,有以下权限:

(1)有权检查被审计单位的财务、会计资料以及与财务收支有关的业务、管理等资料和资产,有权检查被审计单位信息系统的安全性、可靠性、经济性,被审计单位不得拒绝。

(2)有权就审计事项的有关问题向有关单位、部门和个人进行调查和询问,并取得有关证明材料。有关单位、部门和个人应当配合、协助经审会工作,如实向经审会反映情况,提供有关证明材料。

(3)经经审会主要负责人批准,有权对可能被转移、隐匿、篡改、毁弃的财务、会计资料以及与财务收支有关的业务、管理等资料,采取暂时封存的措施。

(4)有权对正在进行的严重违法违规、严重损失浪费行为及时向单位主要负责人报告,经同意作出临时制止决定。

(5)有权提出纠正、处理违法违规行为的意见和改进管理、提高绩效的建议。

(6)有权对审计结果以适当方式进行通报。

(7)有权对违法违规和造成损失浪费的被审计单

位和人员，给予通报批评或者提出追究责任的建议。

（8）对严格遵守财经法规、经济效益显著、贡献突出的被审计单位和个人，可以向单位党组织、主要负责人提出表彰建议。

049 经审会通报的审计结果包括哪些？

经审会通报的审计结果包括审定后的审计报告、作出的审计决定和其他审计结论性文书。

050 经审会向谁通报审计结果？

经审会可以向被审计单位、同级工会党组织、同级工会委员会和上一级经审会进行通报。

051 经审会在审计过程中发现严重问题怎么办？

经审会对审计中发现的严重违法违规、严重损失浪费等问题，以及被审计单位经济运行中存在的重大风险隐患，有权向同级工会党组织、工会委员会和上一级经审会报告。

第五章

工会审计程序

052 经审会制订年度审计工作计划的依据是什么?

经审会根据同级工会委员会的工作部署和上级经审会的要求,制订年度审计工作计划。

053 经审会制订年度审计工作计划应包括哪些内容?

经审会年度审计工作计划应当根据《中华人民共和国工会法》《中国工会章程》等规定的审计职责和审计管辖范围编制,围绕中心,服务大局,突出重点,合理安排审计资源,防止不必要的重复审计。年度审计工作计划内容主要包括:

(1)审计项目名称。

(2)审计目标,即实施审计项目预期要完成的任务和结果。

(3)审计范围,即审计项目涉及的具体单位、事项和所属期间。

(4)审计重点。

(5)审计项目组织和实施单位。

(6)审计资源。

054 审计准备阶段有哪些具体步骤?

经审会根据年度审计工作计划,在审计的准备阶段有以下步骤:

(1)确定审计项目。
(2)成立审计组。
(3)制订审计实施方案。
(4)送达审计通知书。
(5)发出被审计单位基本情况自报表。
(6)发出被审计单位应提供的资料清单。

055 经审会如何成立审计组?

经审会根据年度审计工作计划确定审计项目,成立审计组,制订审计实施方案。审计组审计人员不得少于2人,实行审计组组长负责制。

056 审计组如何制订审计实施方案?

审计实施方案是全面把握审计进程的重要措施,

是提高审计工作效率和效果的必要措施。审计组应根据被审计单位的实际情况，对整个审计过程的具体内容和实施步骤制定预先安排的审计实施方案，包括审计对象、审计目的、审计范围和重点、审计依据、审计步骤、审计形式、审计组织分工与配合和时间进度，以及其他应注意的审计事项等内容。

057 经审会如何下达审计通知书？

经审会应当在实施审计3日前，向被审计单位送达审计通知书。遇有特殊情况，报经审会主要负责人批准后，可以直接持审计通知书实施审计。

058 在哪些特殊情况下，经经审会主任批准，可事先不告知被审计单位直接持审计通知书实施审计？

以下情况可事先不告知被审计单位直接持审计通知书实施审计：

（1）需要及时处理领导批办、协助查证以及信访举报等重大紧急或者有时限要求的审计事项。

（2）有证据或者迹象表明，被审计单位及其有关人员有转移、隐匿、篡改、毁弃会计凭证、会计账簿、财务会计报告以及其他与财务收支有关资料的行为。

（3）被审计单位转移、隐匿违法取得的资产。

（4）有串通提供伪证等行为。

遇有以上特殊情况，如果坚持实施审计3日前向被审计单位送达审计通知书，势必会增加审计工作的难度和风险，客观上也难以实行，因此经经审会主任批准，可以事先不告知被审计单位，直接持审计通知书实施审计。

059 审计通知书的主要内容有哪些？

审计通知书的主要内容有：

（1）被审计单位及审计项目的名称。

（2）审计的目的及审计范围。

（3）审计时间。

（4）被审计单位应提供的具体资料和协助事项。

（5）审计小组名单。

（6）审计通知书发出日期和落款。

060 工会审计程序主要包括哪些阶段？

工会审计程序主要包括编制年度审计项目计划、审计准备、审计实施、审计报告以及审计后续阶段。

061 工会审计人员怎样实施具体审计工作？

工会审计人员通过审查财务、会计资料，查阅与审计事项有关的文件、资料，检查现金、实物、有价证券和信息系统，向有关单位和个人调查等方式进行审计，取得审计证据，做好审计记录，编制审计工作底稿。向有关单位和个人进行调查时，审计人员应当不少于2人。

062 审计组获取审计证据的基本要求有哪些？

审计组获取审计证据的基本要求有：

（1）通过审核、观察、监盘、访谈、调查、函证、计算、分析程序等方法取得审计证据。

（2）取得的审计证据具有合法性、相关性、互证性、充分性、适当性、完整性、可靠性。

（3）将获取的审计证据名称、来源、内容、时间等，完整、清晰地记录于审计工作底稿中。

（4）由证据提供者签名或者盖章，如果证据提供者拒绝签名或者盖章，审计人员应当注明原因和日期。

（5）对获取的审计证据进行分类、筛选和汇总。

063 审计组取得审计证据的方式有哪些？

审计组取得审计证据的方式有：

（1）审查财务资料、有关文件和会议记录。

（2）核实现金、实物、有价证券。

（3）向有关单位和个人进行调查。

064 审计工作底稿的主要内容有哪些？

审计工作底稿的主要内容有：

（1）被审计单位名称。

（2）审计项目的名称以及实施审计的时间。

（3）审计查出问题及其依据。

（4）被审计单位对审计工作底稿中所记录事实的认定及部门主管人员签字。

（5）编制人员的姓名及编制日期、复核人姓名及复核日期。

065 编制审计工作底稿的要求有哪些？

编制审计工作底稿的要求有：

（1）内容完整、记录清晰、结论明确，语言简明扼要。

（2）客观地反映项目审计的实施情况，以及与形成审计结论、意见和建议有关的所有重要事项。

（3）为编制审计报告提供依据，能证明审计目标的实现程度。

（4）为检查和评价审计工作质量提供依据，能证明审计机构和审计人员是否遵循审计准则，并为以后的审计工作提供参考。

（5）有审计期间审计程序的执行过程及结果记录、审计结论、意见及建议。

（6）有索引号及页次、审计标识与其他符号及其说明等。

066 经审会实施审计如何形成审计报告？

审计组对审计事项实施审计后，依据相关法律法规和内部控制制度作出审计评价，对需要整改的事项提出审计意见和建议，形成审计组的审计报告，并征求被审计单位的意见。

067 被审计单位收到征求意见的审计报告后应如何处理？

被审计单位自接到审计组的审计报告之日起10日内，应当向审计组回复书面意见，逾期不回复的，视同无异议。

068 什么是审计决定？

审计决定是加强审计监督，维护经济秩序，促进廉政建设，保障工会事业健康发展的重要工具。它对违反有关规定的财务收支行为，具有实行惩戒与教育的直接效力。经审会按照规定的程序对审计组的审计报告进行审议，研究被审计单位就审计报告提出的意见，对违反国家规定的财务收支行为，依法给予处理、处罚的，在法定职权范围内作出审计决定。

经审会如何出具正式审计报告和审计决定？

经审会审核审计组的审计报告、研究被审计单位的书面意见后，出具经审会的审计报告，对违反财经法律法规的行为在职权范围内作出审计决定，并将经审会的审计报告或者审计决定送达被审计单位。审计决定自送达之日起生效。

被审计单位收到审计报告或者审计决定后应怎么办？

被审计单位自收到经审会的审计报告或者审计决定之日起30日内，将整改落实情况书面报告给出具审计报告或者审计决定的经审会。

071 被审计单位收到审计决定不服的怎么办？

被审计单位或者相关责任人员对经审会作出的审计决定不服的，自收到审计决定之日起60日内，可以向出具审计决定的上一级经审会书面申请复审。上一级经审会自收到书面复审申请之日起 60 日内,应当作出复审决定。复审期间执行原审计决定。

 经审会发现下一级经审会的审计决定有错误怎么办?

经审会发现下一级经审会作出的审计决定违反国家有关规定或者有重大错误的,应当责成下一级经审会予以变更或者撤销,必要时可以直接作出变更或者撤销决定。

073 经审会应当如何督促被审计单位整改?

经审会应当建立健全审计整改监督检查机制,对被审计单位进行审计回访,督促其落实整改意见,执行审计决定。

 审计组在审计实施过程中发现问题应该怎么办?

审计组在审计实施过程中,应当及时督促被审计单位整改审计发现的问题。

经审会应当如何了解被审计单位的整改情况?

经审会在出具审计报告、作出审计决定后,应当在规定的时间内检查或者了解被审计单位和其他有关单位的整改情况。对于定期审计项目,经审会可以结合下一次审计,检查或者了解被审计单位的整改情况。

 经审会为何每年要向同级工会党组织和工会委员会报告审计结果和整改落实情况?

经审会通过每年向同级工会党组织和工会委员会报告审计结果和整改落实情况,能够让各级工会领导了解、掌握审计情况;通过分析和研究,帮助协调解决疑难问题,有利于推进审计整改工作,有利于通过完善机制和制度促进工会经济活动规范开展。

 经审会的哪些审计需要建立审计档案?

经审会对办理的审计项目、专项审计调查、审计复审、审计整改监督检查等，按照工会审计业务公文处理规定和审计档案管理规定建立档案。

078 经审会建立的审计档案包括哪些资料？

经审会建立审计档案，应包括以下资料：

（1）审计通知书。

（2）审计方案。

（3）被审计单位基本情况表。

（4）审计工作底稿。

（5）审计报告征求意见书。

（6）审计小组关于审计报告回复意见的采纳情况表。

（7）审计报告。

（8）若该审计项目有审计决定或复议受理程序的，还应包括审计决定或复议申请、复议决定等。

（9）审计回访记录。

079 对审计文书资料归档有哪些要求？

审计文书资料归档应按照工会审计业务公文处理规定和《审计机关审计档案管理规定》建立档案，具体要求有：

（1）审计档案应当实行集中统一管理。

（2）审计文件材料应当按照结论类、证明类、立项类、备查类4个单元进行排列。

结论类文件材料包括：领导批示、审计报告、审计决定、审计移送处理书等结论类报告，及相关的审计业务会议记录、纪要、被审计对象对审计报告的书面意见、审计组的书面说明等。

证明类文件材料包括：被审计单位承诺书、审计工作底稿汇总表、审计工作底稿及相应的审计取证单、审计证据等。

立项类文件材料包括：领导批示、审计实施方案及相关材料、审计通知书和授权审计通知书等。

备查类文件材料包括：被审计单位整改情况、其他文件材料。

（3）审计文件材料按审计项目立卷，不同审计项目不得合并立卷。

（4）审计文件材料归档工作实行审计组组长负责制。审计组组长确定的立卷人应当及时收集审计项目的文件材料，在审计项目终结后按照立卷方法和规则进行归类整理，经部门负责人审核、检查后，按照有关规定进行编目和装订。

（5）审计档案的保管期限应当根据审计项目涉及的金额、性质、社会影响等因素划定为永久、定期两种，定期分为30年、10年。

第六章

工作保障

080 工会领导班子自觉接受审计监督有何重要意义？

各级工会领导班子应当自觉接受审计监督，支持经审会和工会审计人员依法独立履行职责。工会领导班子自觉接受审计监督是由工会经费独立原则决定的，自觉接受审计监督不仅能以身作则、率先垂范，而且能确保经审组织充分履行审计监督职责，保障工会资产安全、完整、高效运转，使工会经费更好地为广大职工和工运事业服务。

081 工会党组织应当如何建立健全党领导工会经审工作机制？

各级工会党组织应当建立健全党领导工会经审工作机制，各级工会党组织、领导班子应当定期听取经审会的审计工作汇报，加强对经审工作规划、年度审计计划、审计质量控制、问题整改和队伍建设等重要事项的管理。

082 工会应当如何建立健全审计发现问题整改机制？

被审计单位主要负责人是整改第一责任人。各级工会应当建立健全审计发现问题整改机制，对审计发现的问题和提出的建议，被审计单位应当及时整改，并将整改结果书面报告经审会。

083 工会对经审会审计发现的典型性、普遍性、倾向性问题应当怎么做？

各级工会对经审会审计发现的典型性、普遍性、倾向性问题，应当及时分析研究，制定和完善相关管理制度，建立健全内部控制措施。

084 经审会应当如何建立审计事项移交制度？

经审会应当建立审计事项移交制度，依法依规移交应当由其他有关部门（单位）处理、纠正或者追究有关单位、人员责任的事项，有关部门（单位）应当依法依规及时作出决定，并将结果书面反馈经审会。经审会应当加强与内部纪检监察、巡视巡察、组织人事等其他内部监督力量的协作配合。各级工会应当将审计结果及整改情况作为考核、任免、奖惩工会干部和相关决策的重要依据。

085 各级工会对经审会审计发现的重大违纪违法问题线索应当如何处理？

各级工会对经审会审计发现的重大违纪违法问题线索，应当按照管辖权限依法依规及时移送纪检监察机关、司法机关。

086 经审会、经审办主任应当参加工会哪些会议？

经审会主任应当参加工会党组会议、主席办公会议、常委会议和研究工会重大经济活动的会议；经审办主任应当参加涉及工会经费、资产和相关经济活动的会议。

087 工会应当为经审工作提供哪些保障？

各级工会应当为经审会开展审计工作，提供必要的人力、物力、财力保障和工作条件，履行审计职责所需经费，应当纳入本级工会年度经费预算。

088 审计人员队伍建设工作如何开展？

各级工会应当加强工会审计人员队伍建设，落实经审会主任任期培训制度和工会审计人员培训规划，做好工会审计人员的配备、使用、考核和管理工作。

089 经审会如何加强审计工作规范化建设？

各级工会应当支持经审会加强审计工作规范化建设，健全审计工作运行机制，完善审计质量评价体系。

090 工会应当为审计人员提供哪些保障？

各级工会应当根据工会审计工作特点，完善工会审计人员考核评价制度，保障工会审计人员享有相应的晋升、交流、任职、薪酬及相关待遇。

091 上级经审会应当为下级经审会做好哪些工作？

上级经审会应当加强对下级经审会的业务指导和工作支持，对在工会审计工作中做出突出成绩的单位和个人给予表彰和奖励。

092 对在工会审计工作中作出突出成绩的单位和个人有哪些鼓励措施？

对连续多年在工会审计工作中作出突出成绩的单位和个人，上级经审会可以向下级工会党组织、领导班子提出嘉奖、记功的建议。

第七章 相关责任

093 被审计单位有哪些行为需要改正？

被审计单位有下列情形之一的,由单位党组织、领导班子责令改正,并对直接负责的主管人员和其他直接责任人员进行处理:

(1)拒绝接受或者不配合工会审计工作的。

(2)拒绝、拖延提供与审计事项有关的资料,或者提供资料不真实、不完整的。

(3)拒不纠正审计发现问题的。

(4)整改不力、屡审屡犯的。

(5)违反国家规定或者工会内部规定的其他情形。

094 经审会和审计人员有哪些行为将受到处理？

经审会和审计人员有下列情形之一的,由同级工会党组织、领导班子对直接负责的主管人员和其他直接责任人员进行处理;涉嫌犯罪的,移送有关机关依法追究刑事责任:

(1)徇私舞弊、玩忽职守,给国家和工会造成重大损失的。

(2)隐瞒审计查出的问题或者提供虚假审计报

告的。

（3）泄露国家秘密或者商业秘密的。

（4）利用职权谋取私利的。

（5）违反国家规定或者工会内部规定的其他情形。

095 工会审计人员因履行职责受到打击、报复、陷害时怎么办？

工会审计人员因履行职责受到打击、报复、陷害的，工会党组织、领导班子应当及时采取保护措施，并对相关责任人员进行处理；涉嫌犯罪的，移送有关机关依法追究刑事责任。

第八章 附 则

第八章 附 则

096 各级工会是否可以根据《条例》制定具体实施办法？

各级工会可以根据《条例》制定具体实施办法。

097 上级经审会对下级经审会执行《条例》有何责任和义务？

上级经审会应当指导和督促下级经审会执行《条例》，对下级经审会执行《条例》的情况进行检查。

098 《条例》由谁负责解释？

《条例》由全国总工会负责解释。

第九章

相关政策法规

中国工会审计条例

第一章 总 则

第一条 为加强党对工会审计工作的领导,规范工会审计行为,提高工会经费使用效益,维护工会资产安全,根据《中华人民共和国工会法》、《中华人民共和国审计法》和《中国工会章程》,制定本条例。

第二条 工会坚持经费独立原则,依法建立对工会经费收支、资产管理等全部经济活动的审计监督制度。

第三条 工会审计是指各级工会经费审查委员会(以下简称经审会)在同级工会党组织领导下,依照法律法规和《中国工会章程》规定的职责、权限和程序,对工会财务收支、资产管理、内部控制、风险管理等全部经济活动实施独立、客观的监督、评价和建议的活动。

同级工会未建立党组织的,其经审会接受所在单位隶属的党组织领导,向所在单位隶属的党组织报告审计工作。

第四条 工会审计实行统一领导、分级管理、分级负责、下审一级的工作体制。工会审计的制度和办法由中华全国总工会统一制定。

第五条 工会审计遵循依法审计、服务大局、突出重点、注重实效的工作方针。

第六条 经审会依照法律法规和《中国工会章程》独立履行审计监督职责,被审计单位及其有关人员不得拒绝和阻碍工会审计人员履行职责,不得打击报复工会审计人员。

第七条 工会审计人员在办理审计事项中,应当恪守国家审计准则规定的严格依法、正直坦诚、客观公正、勤勉尽责、保守秘密等基本审计职业道德和审计纪律。

第八条 经审会的审计结果作为同级工会、上级工会及其有关部门评选先进和工作考核的重要依据。

第九条 工会审计应当接受国家审计机关的业务指导和监督。

第二章 工会审计机构和人员

第十条 经审会应当与同级工会委员会同时考察、同时报批、同时选举产生。

第十一条 经审会向同级工会会员大会或者会员代表大会负责并报告工作；大会闭会期间，向同级工会委员会负责并报告工作。上级经审会对下级经审会进行业务指导和监督考核。

经审会定期向同级工会党组织报告审计工作。

第十二条 经审会委员由政治素质高、业务能力强、具有相关专业知识的工会干部和会员担任并经民主选举产生。县级以上工会经审会委员人数不少于同级工会委员会委员人数的20%，最低不少于5人；基层工会经审会委员人数一般3至11人。经审会委员中具有审计、财会专业知识的人员不少于三分之二。

第十三条 工会主席、分管财务和资产的副主席、工会财务人员和资产管理人员，不得担任同级工会经审会委员。

第十四条 全国总工会和省、自治区、直辖市总工会以及独立管理经费的全国产业工会经审会，应当设置常务委员会。

第十五条 全国总工会经审会委员实行替补制。各级地方总工会、独立管理经费的产业工会和机关工会联合会经审会委员也可以实行替补制。

第十六条 全国总工会、各级地方总工会、独立管理经费的产业工会和机关工会联合会的经费审查委员会办公室（以下简称经审办），作为经审会的日常工作机构，承担工会经费审查审计监督工作。

第十七条 工会应当建设信念坚定、为民服务、业务精通、作风务实、敢于担当、清正廉洁的高素质专业化审计队伍。

经审会应当加强对审计人员遵守法律法规和履行职责情况的监督，督促审计人员依法履职尽责。

第十八条 工会审计人员应当具备与其从事审计业务相适应的专业知识和职业能力。

第十九条 经审会根据工作需要，可以委托具有相应资质的社会中介机构对有关事项进行审计；可以聘请具有审计、财会等专业资格和职业能力的人员参与审计工作。

经审会应当加强对外聘社会中介机构和人员的指导检查、监督评价和质量控制，对审计方案、审计工作底稿、审计报告等进行审核，根据审计工作完成情况，建立考评和退出机制。

第二十条 工会审计人员不得从事可能影响独立、客观履行审计职责的工作，不得参与、干预、插手被审计单位及其相关单位的经济管理活动；在办理审计事项中，与被审计单位或者审计事项有利害关系的应当回避；对在履行职责中知悉的国家秘密、工作秘密、商业秘密、个人隐私和个人信息，应当予以保密，不得泄露或者向他人非法提供。

第三章　工会审计职责

第二十一条　经审会对本级工会及其所属企事业单位和下一级工会的下列事项进行审计：

（一）贯彻落实党和国家相关重大经济社会政策措施以及全国总工会决策部署情况；

（二）与经济活动有关的发展规划、战略决策、重大措施以及年度业务计划执行情况；

（三）经费预算编制和调整、预算执行、决算草案以及其他财务收支情况；

（四）经费计提和拨缴情况；

（五）专项资金物资的筹措、拨付、管理和使用情况；

（六）资产的管理、使用和处置情况；

（七）本级工会及其所属企事业单位建设项目情况；

（八）本级工会及其所属企事业单位对外投资情况；

（九）内部控制及风险管理情况；

（十）经费使用效益和资产经营效益情况；

（十一）撤并时的财务清算情况；

（十二）工会管理和委托其他单位管理的社会捐赠资金、各类基金的收支情况；

（十三）其他需要审计的有关事项。

以上事项，必要时可以进行延伸审计。

第二十二条 经审会对本级工会预算执行情况要每年审计，对下一级工会预算执行情况的审计至少在本届任期内全覆盖。

经审会对涉及本地区本产业本系统全局的重大项目，有权统一组织开展跨层级、跨区域审计或者专项审计。

第二十三条 经审会接受本级工会干部管理部门的书面委托，对本级工会内部管理的领导人员履行经济责任情况进行审计。

经审会实施经济责任审计时，参照执行国家有关经济责任审计的规定。

第二十四条 经审会可以对被审计单位依法依规应当接受审计的事项进行全面审计，也可以对其中的特定事项进行专项审计或者专项审计调查。

第二十五条 上级经审会对其审计职责范围内的审计事项，可以授权下级经审会进行审计。

下级经审会应当配合协助上级经审会开展各项审

计工作。

第四章　工会审计权限

第二十六条　经审会有权要求被审计单位提供财务、会计资料以及与财务收支有关的业务、管理等资料，包括电子数据和有关文档。被审计单位不得拒绝、拖延、谎报。

被审计单位负责人应当对本单位提供资料的及时性、真实性和完整性负责，并作出书面承诺。

经审会对取得的资料进行综合分析，需要向被审计单位核实有关情况的，被审计单位应当予以配合。

第二十七条　经审会进行审计时，有权检查被审计单位的财务、会计资料以及与财务收支有关的业务、管理等资料和资产，有权检查被审计单位信息系统的安全性、可靠性、经济性，被审计单位不得拒绝。

第二十八条　经审会进行审计时，有权就审计事项的有关问题向有关单位、部门和个人进行调查和询问，并取得有关证明材料。有关单位、部门和个人应当配合、协助经审会工作，如实向经审会反映情况，提供有关证明材料。

第二十九条　经审会进行审计时，经经审会主要负责人批准，有权对可能被转移、隐匿、篡改、毁弃的财务、会计资料以及与财务收支有关的业务、管理等资料，采取暂时封存的措施。

第三十条 经审会进行审计时，有权对正在进行的严重违法违规、严重损失浪费行为及时向单位主要负责人报告，经同意作出临时制止决定。

经审会有权提出纠正、处理违法违规行为的意见和改进管理、提高绩效的建议。

第三十一条 经审会有权对审计结果以适当方式进行通报。

经审会有权对违法违规和造成损失浪费的被审计单位和人员，给予通报批评或者提出追究责任的建议。

经审会对严格遵守财经法规、经济效益显著、贡献突出的被审计单位和个人，可以向单位党组织、主要负责人提出表彰建议。

第三十二条 经审会对审计中发现的严重违法违规、严重损失浪费等问题，以及被审计单位经济运行中存在的重大风险隐患，有权向同级工会党组织、工会委员会和上一级经审会报告。

第五章　工会审计程序

第三十三条 经审会根据同级工会委员会的工作部署和上级经审会的要求，制订年度审计工作计划。

第三十四条 经审会根据年度审计工作计划，确定审计项目，成立审计组，制订审计实施方案。

审计组审计人员不得少于 2 人，实行审计组组长负责制。

第三十五条 经审会应当在实施审计 3 日前，向被审计单位送达审计通知书。遇有特殊情况，报经审会主要负责人批准后，可以直接持审计通知书实施审计。

第三十六条 审计人员通过审查财务、会计资料，查阅与审计事项有关的文件、资料，检查现金、实物、有价证券和信息系统，向有关单位和个人调查等方式进行审计，取得审计证据，做好审计记录，编制审计工作底稿。

向有关单位和个人进行调查时，审计人员应当不少于 2 人。

第三十七条 审计组对审计事项实施审计后，依据相关法律法规和内部控制制度作出审计评价，对需要整改的事项提出审计意见和建议，形成审计组的审计报告，并征求被审计单位的意见。

第三十八条 被审计单位自接到审计组的审计报告之日起 10 日内，应当向审计组回复书面意见，逾期不回复的，视同无异议。

第三十九条 经审会审核审计组的审计报告、研究被审计单位的书面意见后，出具经审会的审计报告，对违反财经法律法规的行为在职权范围内作出审计决定，并将经审会的审计报告或者审计决定送达被审计单位。审计决定自送达之日起生效。

第四十条　被审计单位自收到经审会的审计报告或者审计决定之日起30日内，将整改落实情况书面报告给出具审计报告或者审计决定的经审会。

第四十一条　被审计单位或者相关责任人员对经审会作出的审计决定不服的，自收到审计决定之日起60日内，可以向出具审计决定的上一级经审会书面申请复审。上一级经审会自收到书面复审申请之日起60日内，应当作出复审决定。复审期间执行原审计决定。

第四十二条　经审会发现下一级经审会作出的审计决定违反国家有关规定或者有重大错误的，应当责成下一级经审会予以变更或者撤销，必要时可以直接作出变更或者撤销决定。

第四十三条　经审会应当建立健全审计整改监督检查机制，对被审计单位进行审计回访，督促其落实整改意见，执行审计决定。

审计组在审计实施过程中，应当及时督促被审计单位整改审计发现的问题。

经审会在出具审计报告、作出审计决定后，应当在规定的时间内检查或者了解被审计单位和其他有关单位的整改情况。对于定期审计项目，经审会可以结合下一次审计，检查或者了解被审计单位的整改情况。

第四十四条 经审会应当每年向同级工会党组织和工会委员会报告审计结果和整改落实情况。

第四十五条 经审会对办理的审计项目、专项审计调查、审计复审、审计整改监督检查等，按照工会审计业务公文处理规定和审计档案管理规定建立档案。

第六章 工作保障

第四十六条 各级工会领导班子应当自觉接受审计监督，支持经审会和工会审计人员依法独立履行职责。

第四十七条 各级工会党组织应当建立健全党领导工会经审工作机制，各级工会党组织、领导班子应当定期听取经审会的审计工作汇报，加强对经审工作规划、年度审计计划、审计质量控制、问题整改和队伍建设等重要事项的管理。

第四十八条 被审计单位主要负责人是整改第一责任人。各级工会应当建立健全审计发现问题整改机制，对审计发现的问题和提出的建议，被审计单位应当及时整改，并将整改结果书面报告经审会。

第四十九条 各级工会对经审会审计发现的典型性、普遍性、倾向性问题,应当及时分析研究,制定和完善相关管理制度,建立健全内部控制措施。

第五十条 经审会应当建立审计事项移交制度,依法依规移交应当由其他有关部门(单位)处理、纠正或者追究有关单位、人员责任的事项,有关部门(单位)应当依法依规及时作出决定,并将结果书面反馈经审会。

经审会应当加强与内部纪检监察、巡视巡察、组织人事等其他内部监督力量的协作配合。

各级工会应当将审计结果及整改情况作为考核、任免、奖惩工会干部和相关决策的重要依据。

第五十一条 各级工会对经审会审计发现的重大违纪违法问题线索,应当按照管辖权限依法依规及时移送纪检监察机关、司法机关。

第五十二条 经审会主任应当参加工会党组会议、主席办公会议、常委会议和研究工会重大经济活动的会议;经审办主任应当参加涉及工会经费、资产和相关经济活动的会议。

第五十三条 各级工会应当为经审会开展审计工作,提供必要的人力、物力、财力保障和工作条件,履行审计职责所需经费,应当纳入本级工会年度经费预算。

第五十四条 各级工会应当加强工会审计人员队伍建设，落实经审会主任任期培训制度和工会审计人员培训规划，做好工会审计人员的配备、使用、考核和管理工作。

第五十五条 各级工会应当支持经审会加强审计工作规范化建设，健全审计工作运行机制，完善审计质量评价体系。

各级工会应当根据工会审计工作特点，完善工会审计人员考核评价制度，保障工会审计人员享有相应的晋升、交流、任职、薪酬及相关待遇。

第五十六条 上级经审会应当加强对下级经审会的业务指导和工作支持，对在工会审计工作中作出突出成绩的单位和个人给予表彰和奖励。

对连续多年在工会审计工作中作出突出成绩的单位和个人，上级经审会可以向下级工会党组织、领导班子提出嘉奖、记功的建议。

第七章　相关责任

第五十七条 被审计单位有下列情形之一的，由单位党组织、领导班子责令改正，并对直接负责的主管人员和其他直接责任人员进行处理：

（一）拒绝接受或者不配合工会审计工作的；

（二）拒绝、拖延提供与审计事项有关的资料，或者提供资料不真实、不完整的；

（三）拒不纠正审计发现问题的；

（四）整改不力、屡审屡犯的；

（五）违反国家规定或者工会内部规定的其他情形。

第五十八条 经审会和审计人员有下列情形之一的，由同级工会党组织、领导班子对直接负责的主管人员和其他直接责任人员进行处理；涉嫌犯罪的，移送有关机关依法追究刑事责任：

（一）徇私舞弊、玩忽职守，给国家和工会造成重大损失的；

（二）隐瞒审计查出的问题或者提供虚假审计报告的；

（三）泄露国家秘密或者商业秘密的；

（四）利用职权谋取私利的；

（五）违反国家规定或者工会内部规定的其他情形。

第五十九条 工会审计人员因履行职责受到打击、报复、陷害的，工会党组织、领导班子应当及时采取保护措施，并对相关责任人员进行处理；涉嫌犯罪的，移送有关机关依法追究刑事责任。

第八章　附　则

第六十条　各级工会可以根据本条例制定具体实施办法。

第六十一条　上级经审会应当指导和督促下级经审会执行本条例，对下级经审会执行本条例的情况进行检查。

第六十二条　本条例由中华全国总工会负责解释。

第六十三条　本条例自发布之日起施行。中华全国总工会于 2011 年 4 月 8 日发布的《中国工会审计条例》（总工发〔2011〕27 号）同时废止。

第 2103 号内部审计具体准则
——审计证据

第一章 总 则

第一条 为了规范审计证据的获取及处理,保证审计证据的相关性、可靠性和充分性,根据《内部审计基本准则》,制定本准则。

第二条 本准则所称审计证据,是指内部审计人员在实施内部审计业务中,通过实施审计程序所获取的,用以证实审计事项,支持审计结论、意见和建议的各种事实依据。

第三条 本准则适用于各类组织的内部审计机构、内部审计人员及其从事的内部审计活动。其他组织或者人员接受委托、聘用,承办或者参与内部审计业务,也应当遵守本准则。

第二章 一般原则

第四条 内部审计人员应当依据不同的审计事项

及其审计目标,获取不同种类的审计证据。

审计证据主要包括下列种类:

(一)书面证据;

(二)实物证据;

(三)视听证据;

(四)电子证据;

(五)口头证据;

(六)环境证据。

第五条 内部审计人员获取的审计证据应当具备相关性、可靠性和充分性。

相关性,即审计证据与审计事项及其具体审计目标之间具有实质性联系。

可靠性,即审计证据真实、可信。

充分性,即审计证据在数量上足以支持审计结论、意见和建议。

第六条 审计项目的各级复核人员应当在各自职责范围内对审计证据的相关性、可靠性和充分性予以复核。

第七条 内部审计人员在获取审计证据时,应当考虑下列基本因素:

(一)具体审计事项的重要性。内部审计人员应当从数量和性质两个方面判断审计事项的重要性,以做出获取审计证据的决策。

（二）可以接受的审计风险水平。证据的充分性与审计风险水平密切相关。可以接受的审计风险水平越低，所需证据的数量越多。

（三）成本与效益的合理程度。获取审计证据应当考虑成本与效益的对比，但对于重要审计事项，不应当将审计成本的高低作为减少必要审计程序的理由。

（四）适当的抽样方法。

第三章 审计证据的获取与处理

第八条 内部审计人员向有关单位和个人获取审计证据时，可以采用（但不限于）下列方法：

（一）审核；

（二）观察；

（三）监盘；

（四）访谈；

（五）调查；

（六）函证；

（七）计算；

（八）分析程序。

第九条 内部审计人员应当将获取的审计证据名称、来源、内容、时间等完整、清晰地记录于审计工作底稿中。

采集被审计单位电子数据作为审计证据的，内部审计人员应当记录电子数据的采集和处理过程。

第十条 内部审计机构可以聘请其他专业机构或者人员对审计项目的某些特殊问题进行鉴定，并将鉴定结论作为审计证据。内部审计人员应当对所引用鉴定结论的可靠性负责。

第十一条 对于被审计单位有异议的审计证据，内部审计人员应当进一步核实。

第十二条 内部审计人员获取的审计证据，如有必要，应当由证据提供者签名或者盖章。如果证据提供者拒绝签名或者盖章，内部审计人员应当注明原因和日期。

第十三条 内部审计人员应当对获取的审计证据进行分类、筛选和汇总，保证审计证据的相关性、可靠性和充分性。

第十四条 在评价审计证据时，应当考虑审计证据之间的相互印证关系及证据来源的可靠程度。

第四章　附　则

第十五条 本准则由中国内部审计协会发布并负责解释。

第十六条 本准则自 2014 年 1 月 1 日起施行。

第 2104 号内部审计具体准则
——审计工作底稿

第一章 总 则

第一条 为了规范审计工作底稿的编制和使用,根据《内部审计基本准则》,制定本准则。

第二条 本准则所称审计工作底稿,是指内部审计人员在审计过程中所形成的工作记录。

第三条 本准则适用于各类组织的内部审计机构、内部审计人员及其从事的内部审计活动。其他组织或者人员接受委托、聘用,承办或者参与内部审计业务,也应当遵守本准则。

第二章 一般原则

第四条 内部审计人员在审计工作中应当编制审计工作底稿,以达到下列目的:

(一)为编制审计报告提供依据;

(二)证明审计目标的实现程度;

（三）为检查和评价内部审计工作质量提供依据；

（四）证明内部审计机构和内部审计人员是否遵循内部审计准则；

（五）为以后的审计工作提供参考。

第五条 审计工作底稿应当内容完整、记录清晰、结论明确，客观地反映项目审计方案的编制及实施情况，以及与形成审计结论、意见和建议有关的所有重要事项。

第六条 内部审计机构应当建立审计工作底稿的分级复核制度，明确规定各级复核人员的要求和责任。

第三章　审计工作底稿的编制与复核

第七条 审计工作底稿主要包括下列要素：

（一）被审计单位的名称；

（二）审计事项及其期间或者截止日期；

（三）审计程序的执行过程及结果记录；

（四）审计结论、意见及建议；

（五）审计人员姓名和审计日期；

（六）复核人员姓名、复核日期和复核意见；

（七）索引号及页次；

（八）审计标识与其他符号及其说明等。

第八条 项目审计方案的编制及调整情况应当编

制审计工作底稿。

第九条 审计工作底稿中可以使用各种审计标识，但应当注明含义并保持前后一致。

第十条 审计工作底稿应当注明索引编号和顺序编号。相关审计工作底稿之间如存在勾稽关系，应当予以清晰反映，相互引用时应当交叉注明索引编号。

第十一条 审计工作底稿的复核工作应当由比审计工作底稿编制人员职位更高或者经验更为丰富的人员承担。

第十二条 如果发现审计工作底稿存在问题，复核人员应当在复核意见中加以说明，并要求相关人员补充或者修改审计工作底稿。

第十三条 在审计业务执行过程中，审计项目负责人应当加强对审计工作底稿的现场复核。

第四章 审计工作底稿的归档与保管

第十四条 内部审计人员在审计项目完成后，应当及时对审计工作底稿进行分类整理，按照审计工作底稿相关规定进行归档、保管和使用。

第十五条 审计工作底稿归组织所有，由内部审计机构或者组织内部有关部门具体负责保管。

第十六条 内部审计机构应当建立审计工作底稿

保管制度。如果内部审计机构以外的组织或者个人要求查阅审计工作底稿，必须经内部审计机构负责人或者其主管领导批准，但国家有关部门依法进行查阅的除外。

第五章　附　则

第十七条　本准则由中国内部审计协会发布并负责解释。

第十八条　本准则自 2014 年 1 月 1 日起施行。

第 2205 号内部审计具体准则
——经济责任审计

第一章 总 则

第一条 为了贯彻落实《党政主要领导干部和国有企事业单位主要领导人员经济责任审计规定》,坚持和加强党对审计工作的集中统一领导,强化对部门、单位(以下统称单位)内部管理主要领导干部和主要领导人员(以下统称领导干部)的管理监督,规范开展经济责任审计工作,提高审计质量和效果,根据有关党内法规、《审计署关于内部审计工作的规定》(中华人民共和国审计署令第 11 号)、《内部审计基本准则》及相关内部审计具体准则,制定本准则。

第二条 本准则所称经济责任,是指领导干部在本单位任职期间,对其管辖范围内贯彻执行党和国家经济方针政策、决策部署,推动本单位事业发展,管理公共资金、国有资产、国有资源,防控经济风险等有关经济活动应当履行的职责。

第三条 本准则所称经济责任审计,是指内部审计机构、内部审计人员对本单位所管理的领导干部在任职期间的经济责任履行情况的监督、评价和建议活动。

第四条 经济责任审计工作以马克思列宁主义、毛泽东思想、邓小平理论、"三个代表"重要思想、科学发展观、习近平新时代中国特色社会主义思想为指导，贯彻创新、协调、绿色、开放、共享的新发展理念，聚焦经济责任，客观评价，揭示问题，促进党和国家经济方针政策和决策部署的落实，促进领导干部履职尽责和担当作为，促进权力规范运行和反腐倡廉，促进组织规范管理和目标实现。

第五条 本准则适用于党政工作部门、纪检监察机关、法院、检察院、事业单位和人民团体，国有及国有资本占控股地位或主导地位的企业（含金融机构）等单位的内部审计机构、内部审计人员所从事的经济责任审计活动，其他类型单位可以参照执行。

第二章 一般原则

第六条 经济责任审计的对象包括：党政工作部门、纪检监察机关、法院、检察院、事业单位和人民团体等单位所属独立核算单位的主要领导干部，以及所属非独立核算但负有经济管理职能单位的主要领导干部；企业（含金融机构）本级中层主要领导干部，下属全资、控股或占主导地位企业的主要领导干部，以及对经营效益产生重大影响或掌握重要资产的部门和机构的主要领导干部；上级要求以及本单位内部确定的其他重要岗位人员等。

第七条 经济责任审计可以在领导干部任职期间进行，也可以在领导干部离任后进行，以任职期间审计为主。

第八条 经济责任审计应当根据干部监督管理需要和审计资源等实际情况有计划地进行，对审计对象实行分类管理，科学制定年度审计计划，推进领导干部履行经济责任情况审计全覆盖。

第九条 经济责任审计一般由内部审计机构商同级组织人事部门，或者根据组织人事部门的书面建议，拟定经济责任审计项目安排，纳入年度审计计划，报本单位党组织、董事会（或者主要负责人）批准后组织实施。

经济责任年度审计计划确定后，一般不得随意调整。确需调整的，应当按照管理程序，报本单位党组织、董事会（或者主要负责人）批准后实施。

第十条 被审计领导干部遇有被国家机关采取强制措施、纪律审查、监察调查或者死亡等特殊情况，以及存在其他不宜继续进行经济责任审计情形的，内部审计机构应商本单位纪检监察机构、组织人事部门等有关部门并提出意见，报本单位党组织、董事会（或者主要负责人）批准后终止审计程序。

第十一条 各单位可以结合实际情况，建立健全经济责任审计工作组织协调机制，成立相应的经济责任审计工作协调机构（以下统称协调机构），负责研究制定本单位有关经济责任审计的制度文件，监督检查经济责任审计工作情况，协调解决工作中出现的问题，推进经济责任审计结果运用。协调机构在本单位党组织、董事会（或者主要负责人）的领导下开展工作。

第十二条 协调机构一般由内部审计、纪检监察、组织人事及其他相关监督管理职能部门组成。协调机构下设办公室，负责日常工作，办公室设在内部审计机构，办公室主任由内部审计机构负责人担任。

第三章 审计内容

第十三条 内部审计机构应当根据被审计领导干部的职责权限和任职期间履行经济责任情况，结合被审计领导干部监督管理需要、履职特点、审计资源及其任职期间所在单位的实际情况，依规依法确定审计内容。

第十四条 经济责任审计的主要内容一般包括：

（一）贯彻执行党和国家经济方针政策和决策部署，推动单位可持续发展情况；

（二）发展战略的制定、执行和效果情况；

（三）治理结构的建立、健全和运行情况；

（四）管理制度的健全和完善，特别是内部控制和风险管理制度的制定和执行情况，以及对下属单位的监管情况；

（五）有关目标责任制完成情况；

（六）重大经济事项决策程序的执行情况及其效果；

（七）重要经济项目的投资、建设、管理及效益情况；

（八）财政、财务收支的真实、合法和效益情况；

（九）资产的管理及保值增值情况；

（十）自然资源资产管理和生态环境保护责任的履行情况；

（十一）境外机构、境外资产和境外经济活动的真实、合法和效益情况；

（十二）在经济活动中落实有关党风廉政建设责任和遵守廉洁从业规定情况；

（十三）以往审计发现问题的整改情况；

（十四）其他需要审计的内容。

第四章 审计程序和方法

第十五条 经济责任审计可分为审计准备、审计实施、审计报告和后续审计四个阶段。

（一）审计准备阶段主要工作包括：组成审计组、开展审前调查、编制审计方案和下达审计通知书。审计通知书送达被审计领导干部及其所在单位，并抄送同级纪检监察机构、组织人事部门等有关部门。

（二）审计实施阶段主要工作包括：召开审计进点会议、收集有关资料、获取审计证据、编制审计工作底稿、与被审计领导干部及其所在单位交换意见。被审计领导干部应当参加审计进点会并述职。

（三）审计报告阶段主要工作包括：编制审计报告、征求意见、修改与审定审计报告、出具审计报告、建立审计档案。

（四）后续审计阶段主要工作包括：移交重大审计线索、推进责任追究、检查审计发现问题的整改情况和审计建议的实施效果。

第十六条 对单位内同一部门、同一所属单位的 2 名以上领导干部的经济责任审计，可以同步组织实施，分别认定责任。

第十七条 内部审计人员应当考虑审计目标、审计重要性、审计风险和审计成本等因素，综合运用审核、观察、监盘、访谈、调查、函证、计算和分析等审计方法，充分运用信息化手段和大数据分析，获取相关、可靠和充分的审计证据。

第五章 审计评价

第十八条 内部审计机构应当根据被审计领导干部的职责要求，依据有关党内法规、法律法规、政策规定、责任制考核目标等，结合所在单位的实际情况，根据审计查证或者认定的事实，坚持定性评价与定量评价相结合，客观公正、实事求是地进行审计评价。

第十九条 审计评价应当遵循全面性、重要性、客观性、相关性和谨慎性原则。审计评价应当与审计内容相一致，一般包括被审计领导干部任职期间履行经济责任的主要业绩、主要问题以及应当承担的责任。

审计评价事项应当有充分的审计证据作支持，对审计中未涉及、审计证据不适当或不充分的事项不作评价。

第二十条 审计评价可以综合运用多种方法，主要包括：与同业对比分析和跨期分析；与被审计领导干部履行经济责任有关的指标量化分析；将被审计领导干部履行经济责任的行为或事项置于相关经济社会环境中进行对比分析等。

内部审计机构应当根据审计内容和审计评价的需要,合理选择定性和定量评价指标。

第二十一条 审计评价的依据一般包括:

(一)党和国家有关经济方针政策和决策部署;

(二)党内法规、法律、法规、规章、规范性文件;

(三)国家和行业的有关标准;

(四)单位的内部管理制度、发展战略、规划和目标;

(五)有关领导的职责分工文件,有关会议记录、纪要、决议和决定,有关预算、决算和合同,有关内部管理制度;

(六)有关主管部门、职能管理部门发布或者认可的统计数据、考核结果和评价意见;

(七)专业机构的意见和公认的业务惯例或者良好实务;

(八)其他依据。

第二十二条 对被审计领导干部履行经济责任过程中存在的问题,内部审计机构应当按照权责一致原则,根据领导干部职责分工及相关问题的历史背景、决策过程、性质、后果和领导干部实际发挥的作用等情况，界定其应当承担的直接责任或者领导责任。

内部审计机构对被审计领导干部应当承担责任的问题或者事项，可以提出责任追究建议。

第二十三条 领导干部对履行经济责任过程中的下列行为应当承担直接责任：

（一）直接违反有关党内法规、法律法规、政策规定的；

（二）授意、指使、强令、纵容、包庇下属人员违反有关党内法规、法律法规、政策规定的；

（三）贯彻党和国家经济方针政策、决策部署不坚决不全面不到位，造成公共资金、国有资产、国有资源损失浪费，生态环境破坏，公共利益损害等后果的；

（四）未完成有关法律法规规章、政策措施、目标责任书等规定的领导干部作为第一责任人（负总责）事项，造成公共资金、国有资产、国有资源损失浪费，生态环境破坏，公共利益损害等后果的；

（五）未经民主决策程序或者民主决策时在多数人不同意的情况下，直接决定、批准、组织实施重大经济事项，造成公共资金、国有资产、国有资源损失浪费，生态环境破坏，公共利益损害等后果的；

（六）不履行或者不正确履行职责，对造成的后果起决定性作用的其他行为。

第二十四条 领导干部对履行经济责任过程中的下列行为应当承担领导责任：

（一）民主决策时，在多数人同意的情况下，决定、批准、组织实施重大经济事项，由于决策不当或者决策失误造成公共资金、国有资产、国有资源损失浪费，生态环境破坏，公共利益损害等后果的；

（二）违反单位内部管理规定造成公共资金、国有资产、国有资源损失浪费，生态环境破坏，公共利益损害等后果的；

（三）参与相关决策和工作时，没有发表明确的反对意见，相关决策和工作违反有关党内法规、法律法规、政策规定，或者造成公共资金、国有资产、国有资源损失浪费，生态环境破坏，公共利益损害等后果的；

（四）疏于监管，未及时发现和处理所管辖范围内本级或者下一级地区（部门、单位）违反有关党内法规、法律法规、政策规定的问题，造成公共资金、国有资产、国有资源损失浪费，生态环境破坏，公共利益损害等后果的；

（五）除直接责任外，不履行或者不正确履行职责，对造成的后果应当承担责任的其他行为。

第二十五条 审计评价时，应当把领导干部在推进改革中因缺乏经验、先行先试出现的失误和错误，同明知故犯的违纪违法行为区分开来；把上级尚无明确限制的探索性试验中的失误和错误，同上级明令禁止后依然我行我素的违纪违法行为区分开来；把为推动发展的无意过失，同为谋取私利的违纪违法行为区分开来。正确把握事业为上、实事求是、依纪依法、容纠并举等原则，经综合分析研判，可以免责或者从轻定责，鼓励探索创新，支持担当作为，保护领导干部干事创业的积极性、主动性、创造性。

第二十六条 被审计领导干部以外的其他人员对有关问题应当承担的责任，内部审计机构可以以适当方式向组织人事部门等提供相关情况。

第六章　审计报告

第二十七条 审计组实施经济责任审计项目后，应当编制审计报告。

第二十八条 经济责任审计报告的内容，主要包括：

（一）基本情况，包括审计依据、实施审计的情况、被审计领导干部所在单位的基本情况、被审计领导干部的任职及分工情况等；

（二）被审计领导干部履行经济责任情况的总体

评价；

（三）被审计领导干部履行经济责任情况的主要业绩；

（四）审计发现的主要问题和责任认定；

（五）审计处理意见和建议；

（六）以往审计发现问题的整改情况；

（七）其他必要的内容。

第二十九条 内部审计机构应当将审计组编制的审计报告书面征求被审计领导干部及其所在单位的意见。被审计领导干部及其所在单位在收到征求意见的审计报告后，应当在规定的时间内提出书面意见；逾期未提出书面意见的，视同无异议。

第三十条 审计组应当针对收到的书面意见，进一步核实情况，对审计报告作出必要的修改，连同被审计领导干部及其所在单位的书面意见一并报送内部审计机构审定。

第三十一条 内部审计机构按照规定程序审定并出具审计报告，同时可以根据实际情况出具经济责任审计结果报告，简要反映审计结果。

经济责任审计报告和经济责任审计结果报告应当事实清楚、评价客观、责任明确、用词恰当、文字精练、通俗易懂。

第三十二条 内部审计机构应当将审计报告、审计结果报告按照规定程序报本单位党组织、董事会（或者主要负责人）；提交委托审计的组织人事部门；送纪检监察机构等协调机构成员部门。

审计报告送达被审计领导干部及其所在单位和相关部门。

第七章 审计结果运用

第三十三条 内部审计机构应当推动经济责任审计结果的充分运用，推进单位健全经济责任审计整改落实、责任追究、情况通报等制度。

第三十四条 内部审计机构发现被审计领导干部及其所在单位违反党内法规、法律法规和规章制度时，应当建议由单位的权力机构或有关部门对责任单位和责任人员作出处理、处罚决定；发现涉嫌违法犯罪线索时，应当及时报告本单位党组织、董事会（或者主要负责人）。

第三十五条 内部审计机构应当推动经济责任审计结果作为干部考核、任免和奖惩的重要依据。推动被审计领导干部及其所在单位将审计结果以及整改情况纳入所在单位领导班子党风廉政建设责任制考核的内容，作为领导班子民主生活会以及领导班子成员述责述廉的重要内容。

经济责任审计结果报告应当按照规定归入被审计领导干部本人档案。

第三十六条 内部审计机构应当推动建立健全单位纪检监察等其他内部监督管理职能部门的协调贯通机制，在各自职责范围内运用审计结果。

第三十七条 内部审计机构应当及时跟踪、了解、核实被审计领导干部及其所在单位对于审计发现问题和审计建议的整改落实情况。必要时，内部审计机构应当开展后续审计，审查和评价被审计领导干部及其所在单位对审计发现问题的整改情况。

第三十八条 内部审计机构应当将经济责任审计结果和被审计领导干部及其所在单位的整改落实情况，在一定范围内进行通报；对审计发现的典型性、普遍性、倾向性问题和有关建议，以综合报告、专题报告等形式报送党组织、董事会（或者主要负责人），提交有关部门。

第三十九条 内部审计机构应当有效利用国家审计机关、上级单位对本单位实施经济责任审计的成果，督促本单位及所属单位整改审计发现问题，落实审计建议。

第八章 附 则

第四十条 本准则由中国内部审计协会发布并负责解释。

第四十一条 本准则自 2021 年 3 月 1 日起施行。2016 年 3 月 1 日起施行的《第 2205 号内部审计具体准则——经济责任审计》同时废止。

第2308号内部审计具体准则
——审计档案工作

第一章 总 则

第一条 为了规范审计档案工作,提高审计档案质量,发挥审计档案作用,根据《中华人民共和国档案法》和《内部审计基本准则》,制定本准则。

第二条 本准则所称审计档案,是指内部审计机构和内部审计人员在审计项目实施过程中形成的、具有保存价值的历史记录。

第三条 本准则所称审计档案工作,是指内部审计机构对应纳入审计档案的材料(以下简称审计档案材料)进行收集、整理、立卷、移交、保管和利用的活动。

第四条 本准则适用于各类组织的内部审计机构、内部审计人员及其从事的内部审计活动。其他单位或人员接受委托、聘用,承办或者参与内部审计项目,形成的审计档案材料应当交回组织,并遵守本准则。

第二章 一般原则

第五条 内部审计人员在审计项目实施结束后,应当及时收集审计档案材料,按照立卷原则和方法进行归类整理、编目装订、组合成卷和定期归档。

第六条 内部审计人员立卷时,应当遵循按性质分类、按单元排列、按项目组卷原则。

第七条 内部审计人员应当坚持谁审计、谁立卷的原则,做到审结卷成、定期归档。

第八条 内部审计人员应当按审计项目立卷,不同审计项目不得合并立卷。跨年度的审计项目,在审计终结的年度立卷。

第九条 审计档案质量的基本要求是:审计档案材料应当真实、完整、有效、规范,并做到遵循档案材料的形成规律和特点,保持档案材料之间的有机联系,区别档案材料的重要程度,便于保管和利用。

第十条 内部审计机构应当建立审计档案工作管理制度,明确规定审计档案管理人员的要求和责任。

第十一条 内部审计项目负责人应当对审计档案的质量负主要责任。

第三章　审计档案的范围与排列

第十二条　内部审计人员应当及时收集在审计项目实施过程中直接形成的文件材料和与审计项目有关的其他审计档案材料。

第十三条　内部审计人员应当根据审计档案材料的保存价值和相互之间的关联度，以审计报告相关内容的需要为标准，整理鉴别和选用需要立卷的审计档案材料，并归集形成审计档案。

第十四条　审计档案材料主要包括以下几类：

（一）立项类材料：审计委托书、审计通知书、审前调查记录、项目审计方案等；

（二）证明类材料：审计承诺书、审计工作底稿及相应的审计取证单、审计证据等；

（三）结论类材料：审计报告、审计报告征求意见单、被审计对象的反馈意见等；

（四）备查类材料：审计项目回访单、被审计对象整改反馈意见、与审计项目联系紧密且不属于前三类的其他材料等。

第十五条　审计档案材料应当按下列四个单元排列：

（一）结论类材料，按逆审计程序、结合其重要程

度予以排列;

(二)证明类材料,按与项目审计方案所列审计事项对应的顺序、结合其重要程度予以排列;

(三)立项类材料,按形成的时间顺序、结合其重要程度予以排列;

(四)备查类材料,按形成的时间顺序、结合其重要程度予以排列。

第十六条 审计档案内每组材料之间的排列要求:

(一)正件在前,附件在后;

(二)定稿在前,修改稿在后;

(三)批复在前,请示在后;

(四)批示在前,报告在后;

(五)重要文件在前,次要文件在后;

(六)汇总性文件在前,原始性文件在后。

第四章 纸质审计档案的编目、装订与移交

第十七条 纸质审计档案主要包括下列要素:

(一)案卷封面;

(二)卷内材料目录;

(三)卷内材料;

(四)案卷备考表。

第十八条 案卷封面应当采用硬卷皮封装。

第十九条 卷内材料目录应当按卷内材料的排列顺序和内容编制。

第二十条 卷内材料应当逐页注明顺序编号。

第二十一条 案卷备考表应当填写立卷人、项目负责人、检查人、立卷时间以及情况说明。

第二十二条 纸质审计档案的装订应当符合下列要求：

（一）拆除卷内材料上的金属物；

（二）破损和褪色的材料应当修补或复制；

（三）卷内材料装订部分过窄或有文字的，用纸加宽装订；

（四）卷内材料字迹难以辨认的，应附抄件加以说明；

（五）卷内材料一般不超过 200 页装订。

第二十三条 内部审计人员（立卷人）应当将获取的电子证据的名称、来源、内容、时间等完整、清晰地记录于纸质材料中，其证物装入卷内或物品袋内附卷保存。

第二十四条 内部审计人员（立卷人）完成归类整理，经项目负责人审核、档案管理人员检查后，按规定进行编目和归档，向组织内部档案管理部门（以下简称档案管理部门）办理移交手续。

第五章　电子审计档案的建立、移交与接收

第二十五条　内部审计机构在条件允许的情况下，可以为审计项目建立电子审计档案。

第二十六条　内部审计机构应当确保电子审计档案的真实、完整、可用和安全。

第二十七条　电子审计档案应当采用符合国家标准的文件存储格式，确保能够长期有效读取。主要包括以下内容：

（一）用文字处理技术形成的文字型电子文件；

（二）用扫描仪、数码相机等设备获得的图像电子文件；

（三）用视频或多媒体设备获得的多媒体电子文件；

（四）用音频设备获得的声音电子文件；

（五）其他电子文件。

第二十八条　内部审计机构在审计项目完成后，应当以审计项目为单位，按照归档要求，向档案管理部门办理电子审计档案的移交手续，并符合以下基本要求：

（一）元数据应当与电子审计档案一起移交，一般采用基于 XML 的封装方式组织档案数据；

（二）电子审计档案的文件有相应纸质、缩微制品等载体的，应当在元数据中著录相关信息；

（三）采用技术手段加密的电子审计档案应当解密后移交，压缩的电子审计档案应当解压缩后移交；特殊格式的电子审计档案应当与其读取平台一起移交；

（四）内部审计机构应当将已移交的电子审计档案在本部门至少保存5年，其中的涉密信息必须符合保密存储要求。

第二十九条 电子审计档案移交的主要流程包括：组织和迁移转换电子审计档案数据、检验电子审计档案数据和移交电子审计档案数据等步骤。

第三十条 电子审计档案的移交可采用离线或在线方式进行。离线方式是指内部审计机构一般采用光盘移交电子审计档案；在线方式是指内部审计机构通过与管理要求相适应的网络传输电子审计档案。

第三十一条 档案管理部门可以建立电子审计档案接收平台，进行电子审计档案数据的接收、检验、迁移、转换、存储等工作。

第三十二条 电子审计档案检验合格后办理交接手续，由交接双方签字；也可采用电子形式并以电子签名方式予以确认。

第六章　审计档案的保管和利用

第三十三条　审计档案应当归组织所有,一般情况下,由档案管理部门负责保管,档案管理部门应当安排对审计档案业务熟悉的人员对接收的纸质和电子审计档案进行必要的检查。

第三十四条　归档与纸质文件相同的电子文件时,应当在彼此之间建立准确、可靠的标识关系,并注明含义、保持一致。

第三十五条　内部审计机构和档案管理部门应当按照国家法律法规和组织内部管理规定,结合自身实际需要合理确定审计档案的保管期限。

第三十六条　审计档案的密级和保密期限应当根据审计工作保密事项范围和有关部门保密事项范围合理确定。

第三十七条　内部审计机构和档案管理部门应当定期开展保管期满审计档案的鉴定工作,对不具有保存价值的审计档案进行登记造册,经双方负责人签字,并报组织负责人批准后,予以销毁。

第三十八条　内部审计机构应当建立健全审计档案利用制度。借阅审计档案,一般限定在内部审计机构内部。

内部审计机构以外或组织以外的单位查阅或者要求出具审计档案证明的,必须经内部审计机构负责人或者组织的主管领导批准,国家有关部门依法进行查阅的除外。

第三十九条 损毁、丢失、涂改、伪造、出卖、转卖、擅自提供审计档案的,由组织依照有关规定追究相关人员的责任;构成犯罪的,移送司法机关依法追究刑事责任。

第七章 附 则

第四十条 本准则由中国内部审计协会发布并负责解释。

第四十一条 本准则自 2016 年 3 月 1 日起施行。

第 2309 号内部审计具体准则
——内部审计业务外包管理

第一章 总 则

第一条 为了规范内部审计业务外包管理行为,保证内部审计质量,根据《内部审计基本准则》,制定本准则。

第二条 本准则所称内部审计业务外包管理,是指组织及其内部审计机构将业务委托给本组织外部具有一定资质的中介机构,而实施的相关管理活动。

第三条 本准则适用于各类组织的内部审计机构。接受委托的中介机构在实施内部审计业务时应当遵守中国内部审计准则。

第二章 一般原则

第四条 除涉密事项外,内部审计机构可以根据具体情况,考虑下列因素,对内部审计业务实施外包:

(一)内部审计机构现有的资源无法满足工作目标

要求；

（二）内部审计人员缺乏特定的专业知识或技能；

（三）聘请中介机构符合成本效益原则；

（四）其他因素。

第五条 内部审计机构需要将内部审计业务外包给中介机构实施的，应当确定外包的具体项目，并经过组织批准。

第六条 内部审计业务外包通常包括业务全部外包和业务部分外包两种形式：

（一）业务全部外包，是指内部审计机构将一个或多个审计项目委托中介机构实施，并由中介机构编制审计项目的审计报告；

（二）业务部分外包，是指一个审计项目中，内部审计机构将部分业务委托给中介机构实施，内部审计机构根据情况利用中介机构的业务成果，编制审计项目的审计报告。

第七条 内部审计业务外包管理的关键环节一般包括：选择中介机构、签订业务外包合同（业务约定书）、审计项目外包的质量控制、评价中介机构的工作质量等。

第八条 内部审计机构应当对中介机构开展的受托业务进行指导、监督、检查和评价，并对采用的审计结果负责。

第三章 选择中介机构

第九条 内部审计机构应当根据外包业务的要求，通过一定的方式，按照一定的标准，遴选一定数量的中介机构，建立中介机构备选库。

第十条 内部审计机构确定纳入备选库的中介机构时，应当重点考虑以下条件：

（一）依法设立，合法经营，无违法、违规记录；

（二）具备国家承认的相应专业资质；

（三）从业人员具备相应的专业胜任能力；

（四）拥有良好的职业声誉。

内部审计机构应当根据实际情况和业务外包需求，以及对中介机构工作质量的评价结果，定期对备选库进行更新。

第十一条 内部审计机构可以根据审计项目需要和实际情况，提出对选择中介机构的具体要求。相关部门按照公开、公正、公平的原则，采取公开招标、邀请招标、询价、定向谈判等形式，确定具体实施审计项目的中介机构。

第四章　签订业务外包合同（业务约定书）

第十二条　按照组织合同管理的权限和程序，内部审计机构可以负责起草或者参与起草业务外包合同（业务约定书），正式签订前应当将合同文本提交组织的法律部门审查，或征求法律顾问或律师的意见，以规避其中的法律风险。

第十三条　组织应当与选择确定的中介机构签订书面的业务外包合同（业务约定书），主要内容应当包括：

（一）工作目标；

（二）工作内容；

（三）工作质量要求；

（四）成果形式和提交时间；

（五）报酬及支付方式；

（六）双方的权利与义务；

（七）违约责任和争议解决方式；

（八）保密事项；

（九）双方的签字盖章。

第十四条　如业务外包过程中涉及主合同之外其他特殊权利义务的，组织也可以与中介机构签订单独的补充协议进行约定。

第十五条　内部审计机构应当按照组织合同管理有关规定，严格履行业务外包合同（业务约定书）相关手续。

第五章　审计项目外包的质量控制

第十六条　内部审计机构应当充分参与、了解中介机构编制的项目审计方案的详细内容，明确审计目标、审计范围、审计内容、审计程序及方法，确保项目审计方案的科学性。

第十七条　在审计项目实施过程中，内部审计机构应当定期或不定期听取中介机构工作汇报、询问了解审计项目实施情况、帮助解决工作中遇到的问题等，确保中介机构业务实施过程的顺利。

第十八条　内部审计机构应当对中介机构提交的审计报告初稿进行复核并提出意见，确保审计报告的质量。

第十九条　中介机构完成审计项目工作后，内部审计机构应当督促其按照审计档案管理相关规定汇总整理并及时提交审计项目的档案资料。

第二十条　中介机构未能全面有效履行外包合同规定的义务，有下列情形之一的，内部审计机构可以向组织建议终止合同，拒付或酌情扣减审计费用：

（一）未按合同的要求实施审计，随意简化审计程序；

（二）审计程序不规范，审计报告严重失实，审计结论不准确，且拒绝进行重新审计或纠正；

（三）存在应披露而未披露的重大事项等重大错漏；

（四）违反职业道德，弄虚作假、串通作弊、泄露被审计单位秘密；

（五）擅自将受托审计业务委托给第三方；

（六）其他损害委托方或被审计单位的行为。

第六章 评价中介机构的工作质量

第二十一条 内部审计机构可以针对具体的审计项目对中介机构的工作质量进行评价，也可以针对中介机构一定时期的工作质量进行总体评价。

第二十二条 内部审计机构对中介机构工作质量的评价，一般包括：

（一）履行业务外包合同（业务约定书）承诺的情况；

（二）审计项目的质量；

（三）专业胜任能力和职业道德；

（四）归档资料的完整性；

（五）其他方面。

第二十三条　内部审计机构可以采用定性、定量或者定性定量相结合的方式对中介机构的工作质量进行评价。

第二十四条　组织及其内部审计机构应当把对中介机构工作质量评价的结果，作为建立中介机构备选库、选择和确定中介机构的重要参考。中介机构违背业务外包合同（业务约定书）的，内部审计机构应当根据评价结果，依照合同约定，向组织建议追究中介机构的违约责任。

第七章　附　则

第二十五条　本准则由中国内部审计协会发布并负责解释。

第二十六条　本准则自 2019 年 6 月 1 日起施行。

第3101号内部审计实务指南
——审计报告

目 录

第一章　总　则
第二章　一般原则
第三章　审计报告的要素和内容
第四章　审计报告的格式
第五章　审计报告的编制
第六章　审计报告的复核、报送和归档
第七章　附　则
附录1：审计报告参考格式
附录2：审计报告征求意见函参考格式

第一章　总　则

第一条　为了规范审计报告的编制、复核和报送，提高审计报告的质量，根据《内部审计基本准则》及内部审计具体准则，制定本指南。

第二条 本指南所称审计报告,是指内部审计人员根据审计计划对审计事项实施审计后,作出审计结论,提出审计意见和审计建议的书面文件。

第三条 本指南适用于各类组织的内部审计机构、内部审计人员及其从事的内部审计活动。其他组织或者人员接受委托、聘用,承办或者参与内部审计业务,也应当参照本指南。

第二章 一般原则

第四条 内部审计人员在实施必要的审计程序,获取相关、可靠和充分的审计证据后,依据适用的法律法规、组织的有关规定或其他相关标准,作出审计结论,提出审计意见和审计建议,出具审计报告。

第五条 审计项目终结后应当编制审计报告,如果存在下列情形之一,内部审计人员可以在审计过程中提交中期审计报告,以便及时采取有效措施改善业务活动、内部控制和风险管理:

(一)审计周期过长;

(二)审计项目内容复杂;

(三)突发事件导致对审计的特殊要求;

(四)组织适当管理层需要掌握审计项目进展信息;

（五）其他需要提供中期审计报告的情形。

中期审计报告不能取代项目终结后的审计报告，但可以作为其编制依据。中期审计报告可以根据具体情况适当简化审计报告的要素或内容。

第六条 审计报告的编制应当符合下列要求：

（一）实事求是地反映被审计事项，不歪曲事实真相，不遗漏、不隐瞒审计发现的问题；不偏不倚地评价被审计事项，客观公正地发表审计意见。

（二）要素齐全，行文格式规范，完整反映审计中发现的所有重要问题。

（三）逻辑清晰、脉络贯通，主次分明、重点突出，用词准确、简洁明了、易于理解。也可以适当运用图表描述事实、归类问题、分析原因，更直观地传递审计信息。

（四）根据所确定的审计重要性水平，对于重要事项和重大风险作重点说明。

（五）针对被审计单位业务活动、内部控制和风险管理中存在的主要问题，深入分析原因，提出可行的改进意见和建议；或者针对审计发现问题之外的其他情形提出完善提高的建议，以促进组织实现目标。

第七条 内部审计机构应当建立健全审计报告的分级复核制度，明确规定审计报告的复核层级、复核重点、复核要求和复核责任,并与审计工作底稿的分级复核制度相结合。

第八条 审计报告经审核无误后,应当以内部审计机构的名义送达被审计单位,并报送组织适当管理层,必要时可以抄送其他相关单位。

第三章 审计报告的要素和内容

第九条 审计报告主要包括下列要素:

(一)标题;

(二)收件人;

(三)正文;

(四)附件;

(五)签章;

(六)报告日期;

(七)其他。

第十条 审计报告标题应当说明审计工作的内容,力求言简意赅并有利于归档和索引。一般包括以下内容:

(一)被审计单位(或项目);

(二)审计事项(含事项涉及的时间范围);

(三)其他。

第十一条 审计报告发文字号由发文组织代字、

发文年份和文件顺序号三个部分组成。

第十二条 内部审计机构可以根据《中华人民共和国保守国家秘密法》、国家工商行政管理局发布的《关于禁止侵犯商业秘密行为的若干规定》等有关法律法规和组织的保密制度要求，评估被审计项目的重要程度和保密性，设置审计报告密级和保密期限，并报相关部门审核、备案。

第十三条 审计报告收件人可以根据组织的治理结构、内部审计领导体制、审计类型与审计方式确定。一般包括：

（一）组织的权力机构或主要负责人；

（二）被审计单位；

（三）委托审计的单位（部门）；

（四）其他相关单位（部门）或人员。

第十四条 审计报告正文主要包括下列内容：

（一）审计概况；

（二）审计依据；

（三）审计结论；

（四）审计发现；

（五）审计意见；

（六）审计建议。

第十五条 审计概况是对审计项目总体情况的介

绍和说明。一般包括下列内容：

（一）立项依据。审计报告应当根据实际情况说明审计项目的来源，包括：审计计划安排的项目；有关单位（部门）委托的项目；根据工作需要临时安排的项目；其他项目。如有必要，可进一步说明选择审计项目的目的和理由。

（二）背景介绍。审计报告应当简要介绍有助于理解审计项目立项的审计对象的基本情况，包括：被审计单位（或项目）的规模、性质、职责范围或经营范围、业务活动及其目标，组织结构、管理方式、员工数量、管理人员等情况；与审计项目相关的环境情况，如相关财政财务管理体制和业务管理体制、内部控制及信息系统情况；以往接受内外部审计及其他监督检查情况；其他情况。

（三）整改情况。审计报告中应当说明上次审计后的整改情况。

（四）审计目标与范围。审计报告应当明确说明本次审计目标与审计范围（审计项目涉及的单位、时间和事项范围）。如果存在未审计过的领域，要在审计报告中指出，特别是某些受到限制无法进行审计的事项，应当说明原因。

（五）审计内容和重点。审计报告应当对审计的主要内容、重点、难点作出必要的说明，并适当说明针对这些方面采取了何种措施（主要审计方法、审计程序等）及其产生的效果。

第十六条 审计依据是实施审计所依据的相关法律法规、内部审计准则、组织内部规章制度等规定。如存在未遵循内部审计准则的情形，应当在审计报告中作出解释和说明。

第十七条 审计结论是根据已查明的事实，对被审计单位业务活动、内部控制和风险管理的适当性和有效性作出的评价。应当围绕审计事项作总体及有重点的评价，既包括正面评价，概述取得的主要业绩和经验做法等；也包括对审计发现的主要问题的简要概括。

（一）业务活动评价。是内部审计人员根据已审计的业务查明的事实，运用恰当的标准，对其适当性和有效性进行评价。主要包括对财政财务收支和有关经济活动进行的评价。

（二）内部控制评价。是对内部控制设计的合理性和运行的有效性进行评价。既包括对组织层面的内部环境、风险评估、控制活动、信息与沟通、内部监督五个要素进行的评价；也包括根据管理需求和业务活动的特点，对某项业务活动内部控制进行的评价。

（三）风险管理评价。是对风险管理的适当性和有效性进行评价。主要包括：对风险管理机制进行评价；对风险识别过程是否遵循了重要性原则进行评价；对风险评估方法的适当性进行评价；对风险应对措施的适当性及有效性进行评价等。

第十八条 审计发现是对被审计单位的业务活动、内部控制和风险管理实施审计过程中所发现的主要问题的事实、定性、原因、后果或影响等。一般包括：

（一）审计发现问题的事实。主要是指业务活动、内部控制和风险管理在适当性和有效性等方面存在的违规、缺陷或损害的主要问题和具体情节。如经济活动存在违反法律法规和内部管理制度、造假和舞弊等行为；财政财务收支及其会计记录、财务报告存在不合规、不真实或不完整的情形；内部控制、风险管理或信息系统存在的缺陷、漏洞；以及绩效方面存在的问题等。

（二）审计发现问题的定性。主要是指审计发现问题的定性依据、定性标准、定性结论。必要时可包括责任认定。

（三）审计发现问题的原因。即针对审计发现的事实真相，分析研究导致其产生的内部原因和外部原因。

（四）审计发现问题的后果或影响。即从定量和定性两方面评估审计发现问题已经或可能造成的后果或影响。

第十九条 审计意见是针对审计发现的被审计单位在业务活动、内部控制和风险管理等方面存在的违反国家或组织规定的行为，在组织授权的范围内，提出审计处理意见；或者建议组织适当管理层和相关部门作出的处理意见。

审计意见一般包括：纠正、处理违法违规行为的意见；对违法违规和造成损失浪费的被审计单位和相关人员，给予通报批评或者追究责任的意见和建议。

第二十条 审计建议是针对审计中发现的被审计单位业务活动、内部控制和风险管理等方面存在的主要问题，以及其他需要进一步完善提高的事项，在分析原因和影响的基础上，提出有价值的建议。

第二十一条 附件是对审计报告正文进行补充说明的文字和数据等支撑性材料。一般包括：

（一）相关问题的计算及分析过程；

（二）审计发现问题的详细说明；

（三）被审计单位的反馈意见；

（四）记录审计人员修改意见、明确审计责任、体现审计报告版本的审计清单；

（五）需要提供解释和说明的其他内容。

第二十二条 审计报告征求意见稿应当由审计组组长签字,最终出具的审计报告应当有内部审计机构负责人的签名或内部审计机构的公章。

第二十三条 审计报告日期,一般以内部审计机构负责人签发日作为报告日期。

第四章 审计报告的格式

第二十四条 审计报告的一般格式包括:

(一)标题。在版头分一行或多行居中排布,回行时,要词意完整、排列对称、长短适宜、间距恰当,标题排列可以使用梯形或菱形。有文头的审计报告,标题编排在红色分隔线下空二行位置;没有文头的审计报告,标题编排在分隔线上空二行位置。

(二)发文字号。由发文组织代字、发文年份和文件顺序号三个部分组成。年份、发文顺序号用阿拉伯数字标注;年份应当标全称,用六角括号"〔〕"括入;发文顺序号不加"第"字,不编虚位(即1不编为01),在阿拉伯数字后加"号"字。例如,×审〔20××〕×号。有文头的审计报告,发文字号在文头标志下空二行、红色分隔线上居中排布;没有文头的审计报告,发文字号在分隔线下右角排布。

(三)密级和保密期限。如需标注密级和保密期限,顶格编排在版心左上角第二行;保密期限中的数字用阿拉伯数字标注,自标明的制发日算起。密级一般分为绝密、机密、秘密三级。保密期限在一年以上的,以年计,如秘密5年;在一年以内的,以月计,如秘密6个月。

(四)收件人。有文头的审计报告,收件人编排于标题下空一行位置;没有文头的审计报告,收件人编排于发文字号下空一行位置。收件人居左顶格,回行时仍顶格,最后一个收件人名称后标全角冒号。

(五)正文。编排于收件人名称下一行,每个自然段左空二字,回行顶格。文中结构层次序数依次可以用"一、""(一)""1.""(1)"标注;一般第一层用黑体字、第二层用楷体字、第三层和第四层用仿宋体字标注。

(六)附件。如有附件,在正文下空一行,左空二字编排"附件"二字,后标全角冒号和附件名称。如有多个附件,使用阿拉伯数字标注附件顺序号,如"附件:1.××××";附件名称后不加标点符号。附件名称较长需回行时,应当与上一行附件名称的首字对齐。

(七)内部审计机构署名或盖章。一般在报告日期之上,以报告日期为准居中编排内部审计机构署名,如使用机构印章,加盖印章应当端正、居中下压内部审计机构署名和报告日期,使内部审计机构署名和报告日期居印章中心偏下位置,印章顶端应当上距正文或附件一行之内。如不使用机构印章,一般在正文之下空一行编排内部审计机构署名及其负责人签名(主要用于征求意见阶段的审计报告),并以报告日期为准居中编排。

(八)报告日期。使用阿拉伯数字将年、月、日标全,年份应当标全称,月、日不编虚位(即1不编为01)。报告日期一般右空四个字编排。

第五章 审计报告的编制

第二十五条 审计组在实施必要的审计程序后,应当及时编制审计报告。特殊情况需要延长的,应当报请内部审计机构负责人批准。

第二十六条 审计组应当按照以下程序编制审计报告:

(一)做好相关准备工作;

(二)编制审计报告初稿;

(三)征求被审计单位的意见;

(四)复核、修订审计报告并定稿。

第二十七条 审计组在进行审计报告的准备工作

时，需要讨论确定下列事项：

（一）审计目标的实现情况；

（二）审计事项完成情况；

（三）审计证据的相关性、可靠性和充分性；

（四）审计结论的适当性；

（五）审计发现问题的重要性；

（六）审计意见的合理性与合规性；

（七）审计建议的针对性、建设性和可操作性；

（八）其他有关事项。

第二十八条 审计组应当根据不同的审计目标，以审计认定的事实为基础，合理运用重要性原则并评估审计风险，对审计事项作出审计结论。作出审计结论时，需要注意下列事项：

（一）围绕审计目标，依照相关法律法规、政策、程序及其他标准，对审计事项进行评价，评价应当客观公正，并与审计发现问题有密切的相关性。

（二）审计评价应当坚持全面性和重要性相结合，定性与定量相结合的原则。

（三）只对已审计的事项发表审计评价意见，对未经审计的事项、审计证据不充分、评价依据或者标准不明确以及超越审计职责范围的事项，不发表审计评价意见。

第二十九条 审计组应当根据审计发现的问题及其发生的原因和审计报告的使用对象,从性质和金额两个方面评估审计发现问题的重要性,合理归类并按照重要性原则排序,如实在审计报告中予以反映。

第三十条 审计组对审计发现的主要问题提出处理意见时,需要关注下列因素:

(一)适用的法律法规以及组织内部的规章制度;

(二)审计的职权范围(在组织授权处理范围内的,内部审计机构直接提出审计处理意见;超出组织授权范围的,可以建议组织适当管理层或相关部门作出处理);

(三)审计发现问题的性质、金额、情节、原因和后果;

(四)对同类问题处理处罚的一致性;

(五)需要关注的其他因素。

第三十一条 审计组应当针对审计发现的被审计单位业务活动、内部控制和风险管理中存在的主要问题、缺陷和漏洞,以及需要进一步完善提高的事项等,分别提出纠正和改善建议。

第三十二条 审计组应当就审计报告的主要内容与被审计单位及其相关人员进行及时、充分的沟通。

审计组应当根据沟通内容的要求,选择会议形式或面谈形式与被审计单位及其相关人员进行沟通，应当注意沟通技巧，进行平等、诚恳、恰当、充分的交流。

第三十三条　审计报告初稿由审计项目负责人或者其授权的审计组其他成员起草。如其他人员起草时，应当由审计项目负责人进行复核。审计报告初稿应当在审计组内部进行讨论，并根据讨论结果进行适当的修改。

第三十四条　审计组提出的审计报告在按照规定程序审批后，应当以内部审计机构的名义征求被审计单位的意见。也可以经内部审计机构授权，以审计组的名义征求意见。被审计单位应在规定时间内以书面形式对审计报告提出意见，否则，视同无异议。

审计报告中涉及重大案件调查等特殊事项，经过规定程序批准，可不征求被审计单位的意见。

第三十五条　被审计单位对征求意见的审计报告有异议的，审计组应当进一步核实，并根据核实情况对审计报告作出必要的修改。

审计组应当对采纳被审计单位意见的情况和原因，或者被审计单位未在规定时间内提出书面意见的情况作出书面说明。

第六章 审计报告的复核、报送和归档

第三十六条 内部审计机构应当建立审计报告的分级复核制度,加强审计报告的质量控制。重点对下列事项进行复核:

(一)是否按照项目审计方案确定的审计范围和审计目标实施审计;

(二)与审计事项有关的事实是否清楚、数据是否准确;

(三)审计结论、审计发现问题的定性、处理意见是否适当,适用的法律法规和标准是否准确,所依据的审计证据是否相关、可靠和充分;

(四)审计发现的重要问题是否在审计报告中反映;

(五)审计建议是否具有针对性、建设性和可操作性;

(六)被审计单位反馈的合理意见是否被采纳;

(七)其他需要复核的事项。

内部审计机构负责人复核审计报告时,应当审核被审计单位对审计报告的书面意见及审计组采纳情况的书面说明,以及其他有关材料。

第三十七条 内部审计机构负责人对审计组报送

的材料复核后，可根据情况采取下列措施：

（一）要求审计组补充重要审计证据；

（二）对审计报告进行修改。

复核过程中遇有复杂问题的，可以邀请有关专家进行论证。邀请的专家可以从组织外部聘请，也可以在组织内部指派。

第三十八条 审计报告经复核和修改后，由总审计师或内部审计机构负责人按照规定程序审定、签发。

第三十九条 审计报告的报送一般限于组织内部，通常根据组织要求、审计类型和形式确定报送对象。需要将审计报告的全部或部分内容发送给组织外部单位或人员的，应当按照规定程序批准。

第四十条 审计报告按照规定程序批准后，可以在组织内部适当范围公开。

第四十一条 已经出具的审计报告如果存在重要错误或者遗漏，内部审计机构应当及时更正，并将更正后的审计报告提交给原审计报告接收者。

第四十二条 内部审计机构应当按照中国内部审计协会发布的《第2308号内部审计具体准则——审计档案工作》，以及组织的档案管理制度要求，将审计报告及其他业务文档及时归入审计档案，妥善保存。

第七章 附　则

第四十三条 本指南由中国内部审计协会发布并负责解释。

第四十四条 本指南自 2020 年 1 月 1 日起施行。2009 年 1 月 1 日起施行的《内部审计实务指南第 3 号——审计报告》同时废止。

第四十五条 本指南主要规范通用审计报告，有关经济责任审计报告的内容可参照中共中央办公厅、国务院办公厅印发的《党政主要领导干部和国有企事业单位主要领导人员经济责任审计规定》和释义执行。

附录 1：审计报告参考格式

附录 2：审计报告征求意见函参考格式

附录1：审计报告参考格式

关于****[被审计单位]****
[审计事项]审计的报告

审报〔20〕**号

****[收件人]：

根据****年度审计计划安排[项目来源]，我部[内部审计机构自称]派出审计组，自****年**月**日至**月**日[实施审计的起止时间]，对****[被审计单位全称。写单位全称时还应注明"以下简称****"]****[审计事项]进行了审计。现将审计情况报告如下：

一、审计概况

（一）被审计单位基本情况

**。

[说明：（1）被审计单位的基本情况。主要包括被审计单位（或项目）的背景信息，如被审计单位（或项目）的规模、性质、组织结构、职责范围或经营范围、业务活动及其目标，相关财政财务管理体制和业务

管理体制、内部控制及信息系统情况、财政财务收支情况,以及适用的绩效评价标准等;以往接受内外部审计及其他监督检查情况及其整改情况。(2)表述的内容应当与审计目标密切相关。(3)一般不得引用未经审计核实的数据,如引用,应当注明来源。]

(二)实施审计的情况

***。

本项目的审计目标是****,审计范围包括****[概括表述审计涉及的单位、时间和事项范围],审计的主要内容和重点是****[可简要列明审计主要事项及重点],对重要事项进行了必要的延伸和追溯[可列明延伸的单位和追溯的时间]。****[被审计单位简称]对其提供的财务会计资料以及其他相关资料的真实性和完整性负责[如被审计单位作出书面承诺,应当注明]。我部[内部审计机构自称]的责任是按照《中国内部审计准则》的要求实施审计并出具审计报告。

[说明:如有必要,可增加选择审计项目的目的和理由,针对审计重点、难点采取的审计方法、审计程序及其产生的效果等情况。]

二、审计依据

本次审计是依据*************************实

施的。

[说明:(1)应声明本次审计是依据相关法律法规、《中国内部审计准则》的规定、组织的规章制度实施的。(2)当确实无法按照《中国内部审计准则》的要求实施审计时,应当陈述理由,并就可能导致的对审计结论、意见和建议以及审计项目质量的影响作出必要的说明。]

三、审计结论

审计结果表明,***。

[说明:(1)围绕项目审计目标,依照有关法律法规、政策、程序及其他标准,对审计事项应当作总体及有重点的评价。(2)既包括对良好业绩和先进经验的正面评价,也包括对审计发现主要问题的简要概括。(3)只对所审计的事项发表审计评价意见,对审计过程中未涉及、审计证据不充分、评价依据或者标准不明确以及超越审计职责范围的事项,不发表审计评价意见。(4)审计评价意见不能与审计发现的问题相互矛盾。(5)审计评价用语要准确、适当,以写实为主。]

四、审计发现

(一)******************。[概述问题性质金额等的标题]***

************************。

（二）*****************。[概述问题性质金额等的标题]**。

……

[说明：（1）违反国家或组织规定的财政财务收支问题，一般应当表述违法违规事实、定性及依据。（2）影响绩效的突出问题，一般应当表述事实、标准、原因及后果。（3）内部控制重大缺陷，一般应当表述有关缺陷情况及后果。（4）如审计期间被审计单位对审计发现的重要问题已经整改的，应当说明有关整改情况。（5）如发现上次审计处理未执行的问题，一般列示在本次查出的问题之后。（6）引用作为定性依据或者评判标准的法律法规时，一般应当列明文件名称、具体条款号及条款内容；引用规章和规范性文件时，一般还应列明发文单位、发文字号。]

五、审计意见

针对审计发现的问题，根据*****[审计处理授权规定]的规定，现提出如下处理意见：[适用于组织授权内部审计机构作出审计处理的情形]

建议组织适当管理层或有关部门[可列出具体管理

层或部门名称]作出如下处理:[适用于内部审计机构无权作出审计处理的情形]

(一)**。

(二)**。

……

[说明:(1)依据组织内部有关规定授予内部审计机构的处理权限,提出对审计发现问题的处理意见;或者建议组织适当管理层及相关部门对审计发现问题作出处理、追究有关人员责任。针对审计发现问题也可以在提出处理意见的基础上,再建议组织适当管理层及相关部门进一步作出处理(如追究有关人员责任等)。(2)提出审计意见的顺序应当与审计发现问题的顺序基本一致。(3)审计意见应当实事求是、公平、公正,并充分考虑可执行性。]

六、审计建议

针对审计发现的****问题[高度概括审计发现的问题,或标明"四、审计发现"中第几个问题],建议**。[适用于针对审计发现问题提出建议的情

形]

审计中了解到**[详细描述提出建议所针对的相关事由],建议**。[适用于针对审计发现问题之外的其他事由提出建议的情形]

[说明:(1)审计建议可以分为两种情况:一是针对审计发现的问题,提出进一步改进的建议;二是针对其他需要进一步完善提高的事项(不能认定为违规、差错、缺陷或损害的问题),提出建议。审计建议应当做到有的放矢。(2)审计建议应当具有针对性、建设性和可操作性,避免过于空泛,便于整改落实。]

附件:1. ****************
  2. ****************

内部审计机构(盖章)

****年**月**日

附录2：审计报告征求意见函参考格式

审计报告征求意见函

审征〔20〕**号

****[收件人]：

我部[内部审计机构自称]派出审计组于****年**月**日至**月**日，对你单位****[审计期间]****[审计事项]进行了审计。根据****[组织的内部审计章程或者有关规定]的规定，现将审计组的审计报告送你单位征求意见。请自接到审计报告之日起**个工作日内[根据组织的内部审计章程或者有关规定确定]将书面意见送交审计组。如在此期限内未提出书面意见，视同无异议。

附件：审计报告（征求意见稿）

内部审计机构（盖章）
****年**月**日

后 记

2023年3月10日,中华全国总工会修订印发《中国工会审计条例》,全面贯彻落实习近平总书记关于工人阶级和工会工作的重要论述以及关于审计工作的重要讲话和重要指示批示精神,是进一步贯彻落实《中华人民共和国审计法》的具体体现。本书根据最新修订的《中国工会审计条例》,把工会审计的机构、人员、职责、权限、程序、工作保障等方面的业务知识以一问一答的形式呈现,为广大工会经审干部提供简洁、实用、有效的工作参考。在本书的编写过程中,得到了中华全国总工会相关部门以及湖南省总工会经审办二级调研员简向前的大力支持和帮助,在此一并致谢。

由于编者水平有限,本书难免存在不足和疏漏之处,诚恳地欢迎广大读者批评指正。

编 者

2023年8月

图书在版编目（CIP）数据

中国工会审计条例解读／学习强会编．—北京：中国工人出版社，2023.6
ISBN 978-7-5008-8212-1

Ⅰ.①中… Ⅱ.①学… Ⅲ.①工会工作—财务审计—条例—中国 Ⅳ.①D412.67

中国国家版本馆CIP数据核字（2023）第108605号

中国工会审计条例解读

出 版 人	董 宽
责任编辑	赵晨羽　王晨轩
责任校对	张 彦
责任印制	栾征宇
出版发行	中国工人出版社
地　　址	北京市东城区鼓楼外大街45号　邮编：100120
网　　址	http://www.wp-china.com
电　　话	（010）62005043（总编室）
	（010）62005039（印制管理中心）
	（010）62382916（工会与劳动关系分社）
发行热线	（010）82029051　62383056
经　　销	各地书店
印　　刷	北京市密东印刷有限公司
开　　本	850毫米×1168毫米　1/32
印　　张	5.125
字　　数	70千字
版　　次	2023年8月第1版　2025年4月第5次印刷
定　　价	26.00元

本书如有破损、缺页、装订错误，请与本社印制管理中心联系更换
版权所有　侵权必究